2018年山西省哲学社会科学后期资助课题

广义纳什均衡问题的理论与实务

THEORY AND PRACTICE OF GENERALIZED NASH EQUILIBRIUM PROBLEM

袁艳红 ◎ 著

经济管理出版社
ECONOMY & MANAGEMENT PUBLISHING HOUSE

图书在版编目（CIP）数据

广义纳什均衡问题的理论与实务/袁艳红著．—北京：经济管理出版社，2019.5
ISBN 978-7-5096-6582-4

Ⅰ.①广…　Ⅱ.①袁…　Ⅲ.①博弈论—应用—公路费用—征收—研究　Ⅳ.①F540.4

中国版本图书馆 CIP 数据核字(2019)第 091104 号

组稿编辑：杜　菲
责任编辑：杜　菲　王　洋
责任印制：梁植睿
责任校对：董杉珊

出版发行：经济管理出版社
（北京市海淀区北蜂窝 8 号中雅大厦 A 座 11 层　100038）
网　　址：www. E-mp. com. cn
电　　话：(010) 51915602
印　　刷：北京玺诚印务有限公司
经　　销：新华书店
开　　本：720mm×1000mm/16
印　　张：10.5
字　　数：131 千字
版　　次：2019 年 5 月第 1 版　　2019 年 5 月第 1 次印刷
书　　号：ISBN 978-7-5096-6582-4
定　　价：68.00 元

前 言

著名的纳什均衡问题（Nash Equilibrium Problem，NEP）长期以来一直在经济、社会以及工程技术等诸多领域受到广泛应用。随着社会经济模式的升级以及应用技术的进一步复杂化，此类问题出现了参与者决策空间彼此依赖的情形，称为广义纳什均衡问题（Generalized Nash Equilibrium Problem，GNEP）。广义纳什均衡问题由 Arrow 和 Debreu 在 1954 年正式提出，相比非广义的纳什均衡问题，广义纳什均衡问题具有更强大的描述性，求解也更为困难，引起了国内外学者的强烈关注。本书着眼于广义纳什均衡问题的求解和应用，包含三部分内容：

第 1 部分是关于广义纳什均衡问题的背景与预备知识。主要介绍了广义纳什均衡问题的产生、研究现状和一些研究必备的准备知识。这一部分内容主要是在已有研究成果基础上整理总结形成的。

第 2 部分是关于几类广义纳什均衡问题的理论及求解。这一部分是我在博士阶段的研究成果，共有四章互为独立的内容：

（1）运用惩罚方法求解广义纳什均衡问题。首先引入惩罚函数，在一定条件下证明了惩罚问题解的极限点就是原问题的解，且惩罚参数经过有限次迭代后是一个有限常数。对于惩罚模型，本章运用光滑化的 Fischer – Burmeister 函数将其 Karush – Kuhn – Tucker 系统转化为光滑方程组问题的 $E_c=0$，并在一定条件下证明了 E_c 在解点处广义 Clarke 微分的非奇异性；其次运用光滑牛顿法求解该光滑方程组，并给出了算法的全局收敛性和局部二次收敛性；最后给出数值算例，验证了算法的有效性。

（2）光滑牛顿法求解二阶锥约束的广义纳什均衡问题。本书首先用光滑化的投影函数将问题的 Karush – Kuhn – Tucker 系统转化为光滑方程组。在一定条件下证明了光滑方程组在解点处广义 Clarke 微分的非奇异性。其次用光滑牛顿法求解该光滑方程组，给出了算法的全局收敛性和局部二次收敛性。最后用数值算例验证了算法的有效性。

（3）在样本近似方法（SAA）的基础上，运用惩罚方法求解随机广义纳什均衡问题。首先，本章给出了随机广义纳什均衡问题的惩罚模型，并运用样本平均近似方法（SAA）得到其对应的 SAA 模型，证明了当样本容量趋于无穷时 SAA 模型的 Karush – Kuhn – Tucker 点列以概率一收敛到随机广义纳什均衡问题的惩罚模型的 Karush – Kuhn – Tucker 点。其次，在一定条件下证明了 SAA 模型的 Karush – Kuhn – Tucker 系统在解点处的 Clarke 广义微分的非奇异性。最后，给出了数值算例，证明了在 SAA 方法的辅助下，惩罚方法可以用来求解随机广义纳什均衡问题。

（4）光滑牛顿法求解随机广义纳什均衡问题。首先引入样本近似方法（SAA）得到原随机问题的SAA模型，对于样本容量为I的SAA模型，本章引入光滑化的Fischer－Burmeister函数将其Karush－Kuhn－Tucker系统转化为光滑方程组$E^I=0$。其次在一定条件下证明了E^I在SAA解点处的Clarke广义微分的非奇异性并运用光滑牛顿法求解该光滑方程组。最后分析了算法的全局收敛性和局部二次收敛性并用数值例子验证了算法的有效性。

第3部分是广义纳什均衡问题在交通运输中的实务介绍，是我工作以来与所指导硕士研究生共同的研究成果。分别包括：

（1）在Bot模式下道路收费中的应用。道路交通是一项关系到国计民生的基础设施。然而，部分道路非常拥挤的同时，其他道路却存在行驶车辆不足的情况。这种不均衡现象使道路资源得不到合理的利用。不仅严重影响人们的日常生活质量，而且会造成社会资源的极大浪费。根据经济学相关理论，当达到供需均衡的状态时，资源能够得到最优的配置。因此，我们应该积极寻求道路资源的均衡状态，使道路交通得到合理利用。由于空间、土地、能源等资源的有限性，单从增大交通供给的角度是无法彻底解决交通拥堵问题，而且原本为缓解城市交通拥堵而开展的新建道路项目，也可能引起系统费用的不降反增。随着BOT模式在基础设施中的不断发展和运用，人们逐渐认识到交通需求管理的重要性，道路收费政策成为其中一项可探讨的措施。

本书从广义纳什均衡理论、道路交通网络均衡理论、交通配流理论以及拥挤收费理论出发，分别分析了运营商之间的竞争机制和对应的效用函数、出行者的配流客观条件和出行者的出行成本函数，并在此基础上对运营商和出行者之间存在的广义纳什均衡博弈关系进行了分析和建模，对其进行求解，得到收费道路的均衡价格和均衡流量的关系。此外，通过对数值实验结果的分析，还得出收费道路的均衡价格和均衡流量受到路网透明度（离差参数）的影响，随着路网透明度的增加，均衡价格和均衡流量都会减少，这为道路收费政策的实施提供理论参考，具有一定的现实意义。

（2）在天然气市场定价中的应用。随着经济的快速发展和人们环保意识的提高，我国天然气产业进入了快速发展时期。《天然气发展“十三五”规划》明确提出，加快天然气产业的发展，是我国改善空气质量、提高绿色低碳发展的有效途径。然而，随着天然气产业的快速发展，其结构性矛盾也日益凸显，勘探开发与管道输送环节市场主体少、气体输配环节复杂、费用过高、管道运营不透明、难以实现第三方运营主体的公平进入，导致最终用户难以获得实惠。在当前天然气市场化改革背景下，优化天然气管网服务设施，积极推进天然气定价机制改革，降低管输配气价格，并逐步放开气体生产与销售价格，实现天然气与可替代气体能源的联动机制是当前天然气市场化改革的研究重点。因此，掌握天然气市场中各方运营主体的行为以及他们之间的相互关系，对于提供科学合理的天然气定价决策依据具有重要的理论和现实意义。

本书从均衡理论、博弈理论和定价理论出发，分析了天然气产业链的运行机制和我国天然气市场定价政策的演变过程，结合我国天然气市场化改革的相关政策，对天然气产业链中运营主体的行为进行了分析，并构建了政府参与下以生产商、管道运营商、存储运营商、市场营销商以及高峰运营商为主体的广义纳什均衡模型，经过计算得出了天然气市场的均衡价格关系。此外，考虑到现实生产管理中政府的监管以及管道容量的限制，本书通过调整模型参数，对天然气市场的均衡定价及各方运营主体的利润进行数据分析，以期为我国天然气市场化改革背景下气体定价的合理与稳定提出相应对策建议。

本书的出版要感谢我的博士导师张立卫教授，正是在他的悉心指导下，我才进入了广义纳什均衡问题的研究领域，并对该领域相关问题的研究产生了浓厚的兴趣。广义纳什均衡问题进一步的应用研究要感谢我的硕士毕业生辛全艳和闫志闯，是他们使我的研究得以进一步深入。

我力求本书的观点和推导准确，但仍难免出现谬误，欢迎各位读者批评指正。

袁艳红

2018 年 11 月于太原

目 录

第 1 部分 背景与预备知识

1 绪论 ………………………………………………………………… 3

1.1 广义纳什均衡问题描述 ……………………………………… 3

1.2 广义纳什均衡问题的产生 …………………………………… 7

1.3 广义纳什均衡问题的研究现状 ……………………………… 9

1.4 基础知识准备……………………………………………………… 12

第 2 部分 几类广义纳什均衡问题的理论及求解

2 广义纳什均衡问题的惩罚函数求解法…………………………… 19

2.1 惩罚算法及其收敛性证明………………………………………… 20

2.2 惩罚模型的求解…………………………………………………… 23

2.2.1 惩罚模型 Karush - Kuhn - Tucker 系统的等价形式…… 23
2.2.2 非奇异性定理…… 24
2.2.3 光滑牛顿法和收敛性定理…… 29
2.3 数值实验结果…… 30
2.4 本章小结…… 38

3 二阶锥约束的广义纳什均衡问题的光滑牛顿法…… 39

3.1 基本概念和预备知识…… 40
3.2 Karush - Kuhn - Tucker 系统及等价形式…… 45
3.3 非奇异性定理…… 47
3.4 光滑牛顿法和收敛性定理…… 59
3.5 应用背景…… 61
3.6 数值实验结果…… 65
3.7 本章小结…… 67

4 随机广义纳什均衡问题的惩罚方法…… 69

4.1 惩罚模型及其 SAA 方法 …… 70
4.1.1 惩罚模型的构造及 SAA 方法的引入 …… 71
4.1.2 SAA 方法的概率一指数收敛性 …… 75
4.2 SAA 模型的求解 …… 82
4.2.1 非奇异性定理…… 82
4.2.2 光滑牛顿法和收敛性定理…… 88

4.3 数值实验结果…………………………………………………… 90
4.4 本章小结……………………………………………………………… 95

5 随机广义纳什均衡问题的光滑牛顿法………………………… 96

5.1 SAA 方法求解 ……………………………………………………… 97
5.1.1 SAA 模型 Karush – Kuhn – Tuckerm 系统的等价形式……………………………………… 97
5.1.2 SAA 方法的概率一指数收敛性 …………………… 101
5.2 SAA 模型的求解 …………………………………………………… 104
5.2.1 非奇异性定理 ……………………………………………… 104
5.2.2 光滑牛顿法和收敛性定理 ………………………… 111
5.3 数值实验结果 ………………………………………………………… 112
5.4 本章小结 ……………………………………………………………… 119

第3部分 广义纳什均衡问题实务介绍

6 Bot 模式下道路收费的广义纳什均衡模型 ……………… 123

6.1 建模假设与符号说明 ………………………………………… 124
6.2 模型构建 ……………………………………………………………… 125
6.2.1 道路运营商的收益模型 ………………………………… 126
6.2.2 出行者的出行选择模型 ………………………………… 130
6.3 Bot 模式下道路运营的广义纳什均衡分析 ………… 133

6.4 本章小结 …… 134

7 天然气市场定价的广义纳什均衡模型 …… 136

7.1 问题描述与建模假设 …… 137
7.2 模型构建 …… 139
7.2.1 生产商行为模型 …… 139
7.2.2 管道运营商行为模型 …… 140
7.2.3 存储运营商行为模型 …… 141
7.2.4 高峰运营商行为模型 …… 142
7.2.5 市场营销商行为模型 …… 143
7.3 天然气市场各主体的广义纳什均衡分析 …… 145
7.4 本章小结 …… 147

参考文献 …… 148

第 1 部分　背景与预备知识

1 绪论

1.1 广义纳什均衡问题描述

广义纳什均衡问题是著名的纳什均衡问题的推广。假设有 N 个参与者共同参与决策，其决策变量分别为 x^1，…，x^N。令 $x=(x^1, \cdots, x^N)$，通常我们还将 x 写成（x^v，x^{-v}）来强调第 v 个参与者的变量。设 x^v 的维数是 n_v，则 x 的维数是 $n=\sum_{v=1}^{N} n_v$。在纳什均衡问题中，第 v 个参与者的效用函数 θ_v 不仅与自己的决策变量 x^v 有关，而且还与其他参与者的决策变量 x^{-v} 有关，故记为 θ_v（x^v，x^{-v}）。纳什均衡问题就是求解 $x^*=(x^{*1}, \cdots, x^{*N})$，对于每个 $v\in\{1, \cdots, N\}$，当 x^{-v} 固定于点 $x^{*,-v}$ 时，$x^{*,v}$ 是第 v 个问题的最优解。然而，如果参与者之间不仅存在效用函数的如上依赖，而且在决策空间上也具有这种相互依赖的特征，这样的问题显然拓宽了纳什均衡问题的含义，我们将其称为广义纳什均衡问题。

$$\min_{x^v}\theta_v(x^v, x^{*,-v}) \quad \text{s. t. } x^v \in X_v \tag{1-1}$$

在广义纳什均衡问题中，第 v 个参与者的决策模型为：

$$\min_{x^v}\theta_v(x^v, x^{*,-v}) \quad \text{s. t. } x^v \in X_v(x^{-v}) \tag{1-2}$$

我们约定可行集为：

$$X_v(x^{-v}) = \{x^v \in \Re^{n_v}: g^v(x^v, x^{-v}) \leqslant 0, h^v(x^v) \leqslant 0\} \tag{1-3}$$

式（1-3）中，$g^v(x^v, x^{-v}) \leqslant 0$ 是联合约束，$h^v(x^v) \leqslant 0$ 作为只对自身决策变量 x^v 作用的约束单列出来。设 g^v 和 h^v 的维数分别为 l^v 和 m^v，记 $l = \sum_{v=1}^{N} l^v, m = \sum_{v=1}^{N} m^v$。除式（1-3）外，我们有时也用

$$X_v(x^{-v}) = \{x^v \in \Re^{n_v}: g^v(x^v, x^{-v}) \leqslant 0\} \tag{1-4}$$

来刻画约束集合，其中 $g^v(x^v, x^{-v}): \Re^{n_v} \mapsto \Re^{m_v}$，显然表达式（1-3）可包含于式（1-4）中。

值得注意的是，在广义纳什均衡问题中有一类问题较为特殊，这类问题中所有参与者共用同一联合约束。

假设有两个参与者（$N=2$），其中 $n_1 = n_2 = 1$，也即每个参与者控制一个变量 x^v，$v=1, 2$。两个参与者的模型为：

$$\min_{x^1}(x^1-1)^2 \quad \text{s. t. } x^1 + x^2 \leqslant 1 \tag{1-5}$$

$$\min_{x^2}\left(x^2-\frac{1}{2}\right)^2 \quad \text{s. t. } x^1 + x^2 \leqslant 1 \tag{1-6}$$

通过分析方法即可求得最优解集为：

$$S_1(x^2)=\begin{cases}1 & x^2\leqslant 0\\ 1-x^2 & x^2\geqslant 0\end{cases} \tag{1-7}$$

$$S_2(x^1)=\begin{cases}\frac{1}{2} & x^1\leqslant \frac{1}{2}\\ 1-x^1 & x^1\geqslant \frac{1}{2}\end{cases} \tag{1-8}$$

也即该问题的解是（α，$1-\alpha$），$\alpha\in\left[\frac{1}{2},\ 1\right]$。

在上述解集中，Rosen（1965）定义了其中的一部分，称作正则均衡解（Normalized Equilibrium）。

定义 1.1：（正则均衡解）设 $\gamma\in\Re^N$ 的每个元素 γ_v 是正数，$v=1$，…，N。广义纳什均衡问题

$$\begin{aligned}&\min_{x^v}\quad \theta_v\ (x^v,\ x^{*,-v})\\ &\text{s.t.}\quad g^v\ (x^v,\ x^{-v})\ \leqslant 0\end{aligned} \tag{1-9}$$

的解 x 称为在权重 $\gamma=(\gamma_1,\ \cdots,\ \gamma_N)$ 下问题的正则均衡解，如果在

$$\nabla_{x^v}\theta_v(x^v,x^{-v})+\sum_{i=1}^{m}\lambda_i^v\nabla_{x^v}g_i(x^v,x^{-v})=0,\lambda_i^v\geqslant 0,$$

$$g_i(x^v,x^{-v})\leqslant 0,\lambda_i^v\cdot g_i(x^v,x^{-v})=0,i=1,\cdots,m$$

中拉格朗日乘子 $\lambda^v\in\Re^m$（$v=1$，…，N）满足：

$$\gamma_1\lambda^1=\gamma_2\lambda^2=\cdots=\gamma_N\lambda^N$$

广义纳什均衡问题在电力输送和环境保护方面的应用较为广泛，我们给出一个广义纳什均衡问题在实际中应用的例子（Nabetanik et al.，2011）。

在电力输送中，假设共有 N 个电力公司共同形成一个竞争市场。通常还有一个套利者参与，以期从区域价格差中获取利润。在套利者预期的最优决策下，每个公司做出选择使自己的利润达到最大，由此形成一个多主导—随从博弈(multi－leader－follower－game)。我们用不同的点来抽象地表示不同的地区，假设每个电力公司在不同地区都设有发电厂，而且在不同地区也都有销售市场，设

$\aleph$：区域点的集合。

$A\subseteq \aleph \times \aleph$：区域间价格差的集合。

$c_{v,i}$：第 v 个公司在第 i 个区域生产单位电量所耗成本。

P_i：销售函数在区域 i 处的价格截量。

Q_i：销售函数在区域 i 处的销量截量。

e_{ij}：从区域 i 到 j 运输单位电量的费用。

$CAP_{v,i}$：第 v 个公司在区域 i 处的生产能力。

$x_{v,ij}$：第 v 个公司从区域 i 运往 j 处的电量。

S_j：所有公司在区域 j 处的总销量，$S_j = \sum_{v=1}^{N}\sum_{i\in\aleph} x_{v,ij}, \forall j \in \aleph$。

p_j：区域 j 处的市场价格，$p_j(S_j) = P_j - \frac{P_j}{Q_j}S_j$，$\forall j\in \aleph$。

第 v 个公司的问题就是对于给定的 $\{x_{v',ij}\}_{v'\neq v}$，$(i, j) \in A$ 生产多少电量，以及如何分配销售以达到利润最大，即求得以下问题的解 $\{x_{v,ij}\}_{(i,j)\in A}$：

$$\min_{x_{v,ij}} \sum_{i\in\aleph}\sum_{j\in\aleph}[c_{v,i} - p_j(S_j)]x_{v,ij} + \sum_{(i,j)\in A} e_{ij}x_{v,ij}$$

$$
\text{s. t.}\begin{cases}\sum_{j\in\aleph} x_{v,ij}\leqslant CAP_{v,i},\forall i\in\aleph\\ p_j(S_j)-p_i(S_i)\leqslant e_{ij},\forall(i,j)\in A\\ x_{v,ij}\geqslant 0,\forall(i,j)\in A\end{cases}
$$

可以看出，在这个例子中价格差约束 $p_j(S_j)-p_i(S_i)\leqslant e_{ij}$ 依赖每个区域的总销量 $S_j=\sum_{v=1}^{N}\sum_{i\in\aleph}x_{v,ij}$，如果不考虑套利者，这个电力运输问题是一个典型的广义纳什均衡问题。

对于具有实际应用背景的广义纳什均衡问题的求解，我们不难发现，就算参与者恰好能同时做出决策，可总会有某种原因使他们难以恰好同时满足约束条件。此外，广义纳什均衡问题的求解也极为困难。尽管如此，广义纳什均衡问题依然具有一定的潜在价值，如广义纳什均衡问题模型具有可描述性和可解释性；我们既可以用广义纳什均衡问题来设计各种规则，如制定规则协议、设置税率等，也可在经济领域以外加以类似应用，以期达到既定目标值。

1.2　广义纳什均衡问题的产生

广义纳什均衡问题是由 Debreu 在 1952 年（当时称为社会均衡）发表的论文中正式提出的。事实上，我们也可以把这篇论文看作 Arrow K T 和 Debreu G（1954）的数学准备。Arrow 和 Debreu 把广义纳什均衡问题称作“抽象经济”，并提到“在一场博弈中，每个参与者的收益取决于其他参与者的决策，并且每个参与者的决策空间也依赖于其他参与者的决策。抽象经济，正如博弈：一个参与者的决策会同时影响到其他参与者的收益和决策空间”［见 Arrow 和 Debreu（1954），第 273 页］。

自 1954 年 Arrow 和 Debreu 的开创性工作以来，在过去的60 多年中，广义纳什均衡问题一直广泛地存在于各领域，如经济学、工程学、数学、计算机科学等，使这类问题有许多不同的名称，如伪博弈（Pseudo - game）、社会均衡问题（Social Equilibrium Problem）、均衡规划（Equilibrium Programming）、成对约束均衡问题（Coupled Constraint Equilibrium Problem）以及抽象经济学（Abstract Economy）等。虽然说 Arrow 和 Debreu 的这项工作以及 Debreu（1959）为当代数理经济学的发展奠定了坚实基础，但广义纳什均衡问题的数理特性使这类问题长久以来（自 19 世纪初期以来）难以在经济领域和博弈问题中得到应用上的发展，越来越多的研究仅关注更弱条件下解的存在性及结构性质（如唯一性、局部唯一性等），甚至有一些学者对广义纳什均衡问题是不是博弈问题提出了质疑。例如，Ichiishi 在 1983 年颇具影响的书中提到：“需要强调的是，无论如何抽象经济不是博弈论……因为参与者 j 必须知道其他参与者的决策才能确定自己的决策空间……但是其他参与者如果不知道 j 的决策就不能确定自己的决策。因此，抽象经济是一种伪博弈，在实际应用中它只能当作数学工具来建立存在性定理。”

直到20世纪90年代初，广义纳什均衡问题在经济领域外的应用才开始兴起，以Robinson（1993）为代表。Robinson考虑了最优作战模型中的效力衡量问题并且列出几种情况，这些模型本质上就是我们所说的广义纳什均衡问题，在这篇论文中，Robinson不仅论证了问题解的存在性而且还给出了计算方法。与此同时，Scotti（1995）对一种复合结构设计问题引入广义纳什均衡模型，拓宽了广义纳什均衡问题的应用范围。

1.3 广义纳什均衡问题的研究现状

近年来，广义纳什均衡问题的应用范围已逐渐扩大到国际环境保护、远程通信、寡头垄断市场等领域，广义纳什均衡问题的广泛应用对问题的理论分析及求解提出了更高层次的挑战。目前，除一部分研究是关于解的存在性外，更多的研究是关于求解。广义纳什均衡问题的求解是一项较为艰难的工作，截止到目前学者们还是取得了以下较为有效的方法：

（1）拟变分不等式方法。经典的纳什均衡问题可以转化为变分不等式问题，而广义纳什均衡问题只能转化为一种类似于变分不等式的形式，称为拟变分不等式，参见Pang J-S，Fu Kushima M

（2005）。然而，目前尚没有求解拟变分不等式的成熟算法。所以，转化为拟变分不等式的方法在很大程度上受阻，而被其他变分不等式相关的方法替代，如变分不等式方法和参数变分不等式方法。

（2）变分不等式方法。对于参与者共用联合约束（Shared Constraint）的情形，Rosen（1965）提出了一种特殊解——正则均衡解（Normal Equilibrium），也即所有参与者联合约束的拉格朗日乘子相互成非负倍数情况下求得的解。受之启发，在所有拉格朗日乘子均相同的情况下，有学者将问题转化为标准的变分不等式问题求解。通常，正则均衡解在实际中更为实用，变分不等式方法在联合约束相同的情况下可以有效地求解一部分正则均衡解。

（3）参数变分不等式方法。Nabetani、Fukushima 和 Tseng（2011）提出一种全新的方法来求解广义纳什均衡问题的全部解。其中，与求解正则均衡解非常不同的是，这种方法不仅考虑拉格朗日乘子成倍数的情况，而是考虑了乘子的全部可能情况。

（4）转化为半光滑等式。这类方法包括两种思路，一种是转化为 Karush - Kuhn - Tucker 系统等式进行求解，Facchinei F 等（2007）；另一种是转化为著名的 Nikaido - Isoda 函数（简称 NI - 函数，又称 Ky Fan - 函数）进行求解。这种形式上的转化不仅可以行之有效地求解广义纳什均衡问题，而且更为求解问题提供了一个更为宽阔的平台，如以第二种思路为基础引入不动点方法，可以得到另一种求解思路。本书采用了第一种方法进行了二阶锥约束的广义纳什均衡问题的求解，对于二阶锥约束的广义纳什均衡问题目前还鲜有研究。这种问题的求解比一般不等式约束的广义纳什均衡问题更为复杂。

（5）不动点方法。广义纳什均衡问题的解是一类 Kakutani 不动点，然而对集值问题的求解，计算机实现起来较为困难，近来 Heusinger、Kanzow 和 Fukushima（2012）尝试使用不动点方法求解了一类共同约束的广义纳什均衡问题。

（6）惩罚方法。惩罚方法的好处在于把广义纳什均衡问题化为经典纳什均衡问题，从而可以将求解经典纳什均衡问题的方法嫁接到求解广义纳什均衡问题。然而，如何用惩罚方法更为精确和简便地求解此类问题非常值得考虑。目前有一些工作就是运用惩罚方法来求解广义纳什均衡问题，如 Fukusima M（2011）和 Facchinei F 等（2010）。本书也用到一种惩罚方法，较之目前存在的方法而言，本书的方法在理论上较为容易证明，所需条件较弱，而且同样可以有效地求解广义纳什均衡问题。

关于广义纳什均衡问题的更多研究可以参见 Facchinei F 等（2010）。国内虽然对于博弈论的研究已经比较深远，但是对于广义纳什均衡问题的研究才刚刚开始，目前来说研究工作较少，这里列出一些相关工作和书籍，如张维迎和万安华等（1996，2003）。最后我们应当特别提到 Facchinei F 等（2009），其表明基于变分不等式目前有一些较为系统的处理方法可以较好地求解广义纳什均衡问题，而且从该方法出发也许能得到一些新成果。

1.4 基础知识准备

以下半光滑的概念最初由 Mifflin（1977）提出。随后又由 QiL，Sunl（1993）由实值函数推广到向量值函数。

定义 1.2：（半光滑）设 X 和 Y 是有限维向量空间，$O\subseteq X$ 是一开集。映射 Ψ：$O\to Y$ 在 O 上局部 Lipschitz 连续。我们称 Ψ 在 $x\in O$ 上半光滑，若

（1）Ψ 在 x 处方向可微；并且

（2）对于任意 $\Delta x\in X$ 和 $V\in\partial\Psi$（$x+\Delta x$），当 $\Delta x\to 0$ 时，有

$$\Psi(x+\Delta x)-\Psi(x)-V(\Delta x)=o(\|x\|) \tag{1-10}$$

此外，Ψ 在 $x\in O$ 处称为强半光滑的，如果 Ψ 在 x 处半光滑且对于任意 $\Delta x\in X$ 和 $V\in\partial\Psi$（$x+\Delta x$），当 $x\in O$ 时，

$$\Psi(x+\Delta x)-\Psi(x)-V(\Delta x)=o(\|x\|^2) \tag{1-11}$$

定义 1.3：（Clarke' s 广义微分）设 X 和 Y 是有限维向量空间，O 是 X 中的开集且映射 Φ：$O\to Y$ 局部 Lipschitz 连续。由 Rademacher's 定理，Φ 在 O 上几乎处处 Fréchet 可微。我们用 D_Φ 表示 Φ 在 O 上 Fréchet 可微的点。这样，Φ 在 $x\in O$ 点的 Bouligand 次微分为：

$$\partial_B\Phi(x)=\{\lim_{k\to\infty}J\Phi(x^k)\mid x^k\in D_\Phi,\ x^k\to x\} \tag{1-12}$$

这里，$J\Phi$（x^k）是 Φ 在 x^k 点的 Fréchet 微分。Φ 在 x 点的 Clarke's 广义微分是 $\partial_B\Phi$（x）的凸包［见 Clarke F H（1983）］，即

$$\partial\Phi(x)=\mathrm{conv}\{\partial_B\Phi(x)\} \tag{1-13}$$

这里，Conv S 表示 S 的凸包。

以下引理给出复合函数的 Bouligand 次微分的链式法则，证明见 Sun D（2006）。这个引理将在光滑牛顿法中用到。

引理 1.1：设 X 和 Y 是有限维向量空间，F：$X\to Y$ 在 $\bar{x}\in X$ 的一个开领域 O 上连续可微，Φ：$O_Y\subseteq Y\to X'$ 在开集 O_Y 上局部 Lipschitz 连续，且 $\bar{y}:=F$（$\bar{x}$），其中 X' 是有限维向量空间。假设 Φ 在 O_Y 中的任意点处都方向可微，那么：

$$\partial_B(\Phi\cdot F)(\bar{x})\subseteq\partial_B\Phi(\bar{y})JF(\bar{x}) \tag{1-14}$$

此外，如果微分映射 $JF(\bar{x})$：$X\to Y$ 是满射，那么以上为等式关系，即：

$$\partial_B(\Phi\cdot F)(\bar{x})=\partial_B\Phi(\bar{y})JF(\bar{x}) \tag{1-15}$$

Fischer - Burmeister 函数把互补条件表达为半光滑方程组，应用较为广泛，见 Chen B，Chen X，Kanzow C（2000）。

定义 1.4：Fischer - Burmeister 函数 φ_{FB}：$\Re\times\Re\to\Re$ 给出如下：

$$\varphi_{FB}(a,\ b)=a+b-\sqrt{a^2+b^2} \tag{1-16}$$

Fischer - Burmeister 函数 φ_{FB}（a，b）是满足

$$\varphi_{FB}(a,\ b)=0\Leftrightarrow ab=0,\ a\geqslant 0,\ b\geqslant 0$$

的互补函数。它在除（0，0）外的所有点处光滑，其 Clarke 广义次微分为：

$$\partial\varphi_{FB}(a,\ b)=\begin{cases}\left(1-\dfrac{a}{\|(a,\ b)\|_2},\ 1-\dfrac{b}{\|(a,\ b)\|_2}\right), & \text{若}(a,\ b)\neq(0,\ 0)\\ \{(1-\xi,\ 1-\zeta):\ (\xi,\ \zeta)\in\Re^2,\ \|(\xi,\ \zeta)\|_2\leqslant 1\}, & \text{若}(a,\ b)=(0,\ 0)\end{cases}\tag{1-17}$$

光滑化的 Fischer – Burmeister 函数 φ_{SFB}：$\Re_+\times\Re\times\Re\rightarrow\Re$ 定义为：

$$\varphi_{SFB}(\varepsilon,\ a,\ b)=a+b-\sqrt{\varepsilon^2+a^2+b^2}\tag{1-18}$$

对于任意的 $\varepsilon>0$，函数在点（a，b）处光滑且满足 φ_{SFB}（0，a，b）$=\varphi_{FB}$（a，b）。

定义 1.5：（光滑 Fischer – Burmeister 映射）对于 x，$y\in\Re^n$，我们定义 Fischer – Burmeister 映射为：

$$\Phi_{FB}(x,\ y)=\{\varphi_{FB}(x_1,\ y_1),\ \cdots,\ \varphi_{FB}(x_n,\ y_n)\}^T\tag{1-19}$$

光滑 Fischer – Burmeister 映射为：

$$\Phi_{SFB}(\varepsilon,\ x,\ y)=\{\varphi_{SFB}(\varepsilon,\ x_1,\ y_1),\ \cdots,\ \varphi_{SFB}(\varepsilon,\ x_n,\ y_n)\}^T\tag{1-20}$$

下面，我们给出光滑 Fischer – Burmeister 映射 Φ_{SFB}（ε，x，y）的微分：

（1）若 $\varepsilon>0$，则

$$J\Phi_{SFB}(\varepsilon,\ x,\ y)=\begin{pmatrix}J_\varepsilon\Phi_{SFB}(\varepsilon,\ x,\ y)\\ J_x\Phi_{SFB}(\varepsilon,\ x,\ y)\\ J_y\Phi_{SFB}(\varepsilon,\ x,\ y)\end{pmatrix}$$

这里，

$$[J_\varepsilon \Phi_{SFB}(\varepsilon, x, y)]_i = -\frac{\varepsilon}{\sqrt{\varepsilon^2 + x_i^2 + y_i^2}}$$

$$J_x \Phi_{SFB}(\varepsilon, x, y) = I - \mathrm{diag}\left(\frac{x_i}{\sqrt{\varepsilon^2 + x_i^2 + y_i^2}}\right) \tag{1-21}$$

$$J_y \Phi_{SFB}(\varepsilon, x, y) = I - \mathrm{diag}\left(\frac{y_i}{\sqrt{\varepsilon^2 + x_i^2 + y_i^2}}\right)$$

（2）若 $\varepsilon = 0$，记 $I_0 = \{i: x_i = y_i = 0\}$，则

$$\partial \Phi_{SFB}(\varepsilon, x, y) = [\gamma \mathrm{diag}(\alpha_i) \mathrm{diag}(\beta_i)] \tag{1-22}$$

这里，α，β，$\gamma \in \Re^n$，$\gamma_i \in [-1, 1]$，$\|(\alpha_i, \beta_i)\|_2 \leqslant 1$，$i \in I_0$，且 $\gamma_i = 0$。$\alpha_i = 1 - x_i / \sqrt{x_i^2 + y_i^2}$，$\beta_i = 1 - y_i / \sqrt{x_i^2 + y_i^2}$，$i \in \{1, \cdots, n\} \setminus I_0$。

第2部分　几类广义纳什均衡问题的理论及求解

2 广义纳什均衡问题的惩罚函数求解法

本章首先构造了广义纳什均衡问题的惩罚函数模型。在条件 GNEP－EMFCQ 下证明了惩罚问题解的点列极限点就是原问题的解，且惩罚参数经过有限次迭代后是一个有限常数。其次对于惩罚参数给定的模型，我们用光滑 Fischer－Burmeister 函数将问题的 Karush－Kuhn－Tucker 系统转化为一个等式系统，并在 GNEP－SOSC 下证明了系统在解点处 Clarke 广义微分的非奇异性。最后我们用光滑化牛顿法求解算例并证明了此方法的全局收敛性和局部二次收敛性。

不失一般性，广义纳什均衡问题的第 ν 个参与者的模型可以写为以下简化形式：

$$\min_{x^v} \theta^v(x) \quad \text{s. t. } g^v(x) \leqslant 0 \tag{2-1}$$

显然，这个问题也可以等价地写为：

$$\min_{x^v} \theta^v(x) \quad \text{s. t. } \begin{cases} g^v(x) + y^v = 0 \\ y^v \geqslant 0 \end{cases} \tag{2-2}$$

问题（2－2）关于等式约束的惩罚问题是：

$$\min_{x^v} f_c^v(x,y) = \theta^v(x) + \frac{c}{2}\sum_{v=1}^{N} \| g^v(x) + y^v \|^2 \quad \text{s.t. } y^v \geqslant 0 \tag{2-3}$$

这里，c 是惩罚参数，$y=(y^1,\cdots,y^N)$。

2.1 惩罚算法及其收敛性证明

给定惩罚参数 c，如果问题（2－3）的解是问题（2－2）的可行点，那么它一定是问题（2－2）的解。所以，我们可以通过增大惩罚参数来提高这种可行性。此外，如果问题（2－3）的解 x 至少对于参与者 v 不可行，这就意味着

$g^v(x)+y^v \neq 0$

从这种思想出发，我们给出以下惩罚算法。

算法 2.1：GNEP 的惩罚算法。

步骤 0　置 $x^0 \in \Re^n$，$y^0 \in \Re^m$，$c>0$ 和 $r_v \in (0,1)$，$v=1,\cdots,N$。置 $k=0$。

步骤 1　若 x^k 是 GNEP（2.1）的解，则停止。

步骤 2　令 $J^k=\{v \mid (x^k)^v \notin X_v((x^k)^{-v})\}$。对于每个 $v \in J^k$，若

$$\| \nabla_{x^v}\theta^v(x^k) \| > r_v\left[c\sum_{v=1}^{N}(\| J_{x^v}g^v(x^k) \| \times \| g^v(x^k)+(y^k)^v \|)\right] \tag{2-4}$$

则将参数 c 扩大到2倍。

步骤3 计算 $[x^{k+1}, y^{k+1}]=A[x^k, y^k]$，置 $k\leftarrow k+1$，转步骤1。

首先我们定义以下指标集，假定（x，y）是第 v 个问题（2－2）的可行点。设

$$I_1^v(x)=\{i: g_i^v(x)=0, y_i^v=0, i=1, \cdots, l^v\}$$

$$I_2^v(x)=\{i: g_i^v(x)<0, y_i^v>0, i=1, \cdots, l^v\} \tag{2-5}$$

引理2.1： 设 $\{x^k\}$ 是由算法2.1产生的点列。对于 $\{x^k\}$ 的每个极限点 $\bar{x}$，如果

$$J_{x^v}g^v(\bar{x})\neq 0 \tag{2-6}$$

对任意 $V\in\{1, \cdots, N\}$ 成立，那么 $\bar{x}$ 是问题(2－1)的解且惩罚参数在有限次迭代后是一个有限常数，即存在常数 K，若 $k>K$，则 $J^k=\varphi$，这里 $J^k=\{v: (x^k)^v\notin X_v((x^k)^{-v})\}$。

证明： 假设结论不成立，即对于 $\forall K>0$，当 $k>K$ 时，$J^k\neq\varphi$ 且假设 v 属于这个集合。我们假定 c 在每个循环中更新且 $\{x^k\}\rightarrow\bar{x}$，$(x^k)^v\notin X_v((x^k)^{-v})$，显然 $\bar{x}$ 不是问题（2－1）的可行点。由算法2.1中步骤2可知，存在 $y^k\rightarrow\bar{y}$ 使

$$\sum_{v=1}^{N}(\|J_{x^v}g^v(x^k)\|\times\|g^v(x^k)+(y^k)^v\|)\rightarrow 0, k\rightarrow\infty \tag{2-7}$$

于是

$$\|J_{x^v}g^v(\bar{x})\|\times\|g^v(\bar{x})+(\bar{y})^v\|=0 \tag{2-8}$$

因为 $\bar{x}$ 在式(2－1)中不可行，那么 $g^v(\bar{x})+(\bar{y})^v\neq 0$。所以，有

$$J_{x^v}g^v(\bar{x}) = 0 \tag{2-9}$$

结论与式（2－6）矛盾，惩罚参数 c 更新有限次。证毕。

下面给出 GNEP－MFCQ，证明惩罚问题解序列的极限点就是原问题的解，且惩罚参数在有限次迭代后是一个有限常数。这个约束条件是经典 MF 约束规范的演化，详见 Pang J－S 等（2005），Fukusina M（2011）。

定义 2.1：（GNEP－MFCQ）我们称 GNEP 式（2－1）在点 x 处满足 GNEP－MFCQ，如果对于每个参与者 $v \in \{1, \cdots, N\}$，存在 d^v 使

$$J_{x^v}g_i^v(x)d^v < 0, \quad \forall i \in I_1^v(x)$$

这里，$I_1^v(x) = \{i: g_i^v(x) = 0, i = 1, \cdots, l^v\}$。

定理 2.1：设点列 $\{x^k\}$ 由算法 2.1 产生，$\bar{x}$ 是 $\{x^k\}$ 的聚点。如果 GNEP－MFCQ 在点 $\bar{x}$ 处成立，则 $\bar{x}$ 是问题(2－1)的解且惩罚参数在有限次迭代后是一个有限常数，也即存在常数 K，若 $k > K$，则 $J^k = \varphi$，这里 $J^k = \{v: (x^k)^v \notin X_v((x^k)^{-v})\}$。

证明：我们只需证明 GNEP－MFCQ 可以推出

$$J_{x^v}g^v(x) \neq 0 \tag{2-10}$$

对任意 $v \in \{1, \cdots, N\}$ 成立。假设 GNEP－MFCQ 在极限点 $\bar{x}$ 处成立，但式(2－10)不成立，那么必有参与者 v 使 $J_{x^v}g^v(\bar{x}) = 0$。这样，就存在满足$(x^k)^v \notin X_v[(x^k)^{-v}]$的点列$\{x^k\}$，使$\{x^k\} \to \bar{x}$ 且 $J_{x^v}g^v(x^k) \to J_{x^v}g^v(\bar{x}) = 0$。这意味着

$$0 = \nabla_{x^v}g_i^v(\bar{x}^v, \bar{x}^{-v})d^v < 0, \quad \forall i \in I_1^v(\bar{x}) \tag{2-11}$$

得出矛盾，证毕。

2.2　惩罚模型的求解

这一节我们在惩罚参数 c 确定的情况下讨论惩罚模型（2-3）。首先将问题（2-3）的 Karush-Kuhn-Tucker 系统化为一个等式系统。其次在 GNEP-SOSC 下证明其解点处 Clarke 广义微分的非奇异性。最后引入光滑牛顿法求解并讨论了算法的全局收敛性和局部二次收敛性。

2.2.1　惩罚模型 Karush-Kuhn-Tucker 系统的等价形式

设（x，y^v）是式（2-3）的解，那么它满足：

$$\nabla_{x^v} f_c^v(x, y^v) = 0$$

$$0 \leqslant \nabla_{y^v} f_c^v(x, y^v) \perp y^v \geqslant 0 \tag{2-12}$$

这里，$v=1, \cdots, N$。利用 Fischer-Burmeister 函数，我们将式（2-12）等价地写成：

$$\begin{pmatrix} \nabla_{x^v} f_c^v(x, y^v) \\ \Phi_{FB}(\nabla_{x^v} f_c^v(x, y^v), y^v) \end{pmatrix} = 0 \tag{2-13}$$

或

$$\begin{pmatrix} \nabla_{x^v} f_c^v(x, y^v) \\ \Phi_{FB}(g^v(x) + y^v, y^v) \end{pmatrix} = 0 \tag{2-14}$$

考虑所有 N 个参与者，如果 x 是 GNEP 的解，则存在 $y=(y^1, \cdots, y^N)^T$ 与 x 满足等式：

$$F_c(x, y)=\begin{pmatrix} \nabla_{x^1} f_c^1(x, y^1) \\ \vdots \\ \nabla_{x^N} f_c^N(x, y^N) \\ \Phi_{FB}(g^1(x)+y^1, y^1) \\ \vdots \\ \Phi_{FB}(g^N(x)+y^N, y^N) \end{pmatrix}=0 \tag{2-15}$$

我们知道 F_c（x, y）在任意参与者可行域的边界点：

$$\bigcup_{v=1}^{N}\{(x, y) \mid g^v(x)+y^v=y^v=0\} \tag{2-16}$$

处非光滑。为避免这种情况，我们引入光滑 Fischer－Burmeister 函数式（1－20），将式（2－15）变形为：

$$E_c(\varepsilon, x, y)=\begin{pmatrix} \varepsilon \\ \nabla_{x^1} f_c^1(x, y^1) \\ \vdots \\ \nabla_{x^N} f_c^N(x, y^N) \\ \Phi_{SFB}(\varepsilon, g^1(x)+y^1, y^1) \\ \vdots \\ \Phi_{SFB}(\varepsilon, g^N(x)+y^N, y^N) \end{pmatrix}=0 \tag{2-17}$$

2.2.2 非奇异性定理

下面我们定义广义纳什均衡问题的二阶充分条件，并证明

Clarke 广义微分的非奇异性。

定义 2.2：（GNEP - SOSC）设 $\tilde{\theta}(x)=[J_{x^1}\theta^1(x),\ \cdots,\ J_{x^N}\theta^N(x)]^T$，$x$ 是 GNEP 式（2 - 1）的可行点，我们称 GNEP 二阶充分条件（GNEP - SOSC）成立，若 $d^T\tilde{J}\theta(x)d>0$ 对所有 $\{d\neq 0:\ Jg_i^v(x)\ d=0,\ \forall i\in I_1^v(x)\}$ 成立。按照指标集式（2 - 5），记包含所有 $\{g_i^v(x):\ i\in I_1^v(x)\}$ 为元素的向量为 $g_A^v(x)$，定义

$$g_A(x)=(g_A^1(x),\ \cdots,\ g_A^N(x))^T \tag{2-18}$$

同样地，记包含所有 $\{g_i^v(x):\ i\in I_2^v(x)\}$ 为元素的向量为 $g_I^v(x)$，定义

$$g_I(x)=(g_I^1(x),\ \cdots,\ g_I^N(x))^T \tag{2-19}$$

我们将光滑等式（2 - 17）写为：

$$E_c(\varepsilon,\ x,\ y)=\begin{pmatrix}\varepsilon\\ \nabla_{x^1}f_c^1(x,\ y^1)\\ \vdots\\ \nabla_{x^N}f_c^N(x,\ y^N)\\ \Phi_{SFB}(\varepsilon,\ g_A^1(x)+y_A^1,\ y_A^1)\\ \vdots\\ \Phi_{SFB}(\varepsilon,\ g_A^N(x)+y_A^N,\ y_A^N)\\ \Phi_{SFB}(\varepsilon,\ g_I^1(x)+y_I^1,\ y_I^1)\\ \vdots\\ \Phi_{SFB}(\varepsilon,\ g_I^N(x)+y_I^N,\ y_I^N)\end{pmatrix}=0 \tag{2-20}$$

其中，$E_c(0,\ x,\ y)$ 关于 $(x,\ y)$ 的 Clarke 广义微分中的元素

记为：

$$W_c=\begin{pmatrix}A_{11} & A_{12} & A_{13}\\ A_{21} & A_{22} & 0\\ A_{31} & 0 & A_{33}\end{pmatrix} \qquad (2-21)$$

其中，

$$A_{11}=\begin{pmatrix}J_{x^1}\nabla_{x^1}\theta^1(x) & \cdots & J_{x^N}\nabla_{x^1}\theta^1(x)\\ \ddots & \ddots & \ddots\\ J_{x^1}\nabla_{x^N}\theta^N(x) & \cdots & J_{x^N}\nabla_{x^N}\theta^N(x)\end{pmatrix}+cJg_A(x)^TJg_A(x)+$$

$cJg_I(x)^TJg_I(x)$

$$A_{12}=c\begin{pmatrix}J_{x^1}g_A^1(x)^T & \cdots & J_{x^1}g_A^N(x)^T\\ & \ddots & \\ J_{x^N}g_A^1(x)^T & \cdots & J_{x^N}g_A^N(x)^T\end{pmatrix}$$

$$A_{13}=c\begin{pmatrix}J_{x^1}g_I^1(x)^T & \cdots & J_{x^1}g_I^N(x)^T\\ & \ddots & \\ J_{x^N}g_I^1(x)^T & \cdots & J_{x^N}g_I^N(x)^T\end{pmatrix}$$

$$A_{21}=\Gamma\begin{pmatrix}J_{x^1}g_A^1(x)^T & \cdots & J_{x^N}g_A^1(x)^T\\ \ddots & \ddots & \ddots\\ J_{x^1}g_A^N(x) & \cdots & J_{x^N}g_A^N(x)\end{pmatrix};\ \Gamma=\begin{pmatrix}1-\xi_1 & & \\ & \ddots & \\ & & 1-\xi_N\end{pmatrix}$$

$$A_{22}=\begin{pmatrix}2-(\xi_1+\zeta_1) & & \\ & \ddots & \\ & & 2-(\xi_N+\zeta_N)\end{pmatrix}$$，这里$(\xi_v,\ \zeta_v)\in\Re^2$，

$\|(\xi_v,\ \zeta_v)\|_2\leqslant 1$

$$A_{31}=\begin{pmatrix} J_{x^1}g_I^1(x) & \cdots & J_{x^N}g_I^1(x) \\ \ddots & \ddots & \ddots \\ J_{x^1}g_I^N(x) & \cdots & J_{x^N}g_I^N(x) \end{pmatrix};\ A_{33}=I$$

下面我们给出非奇异性定理并证明。

定理 2.2：假设（x^*，y^*）是问题（2－3）的解。如果 GNEP－SOSC 式（2－18）在点 x^* 处成立。那么存在常数 c^* 使当 $c>c^*$ 时，∂E_c（0，x^*，y^*）中任意元素非奇异。

证明：对于任意 ∂E_c（0，x^*，y^*）中元素

$$\begin{pmatrix} 1 & 0 \\ U & W \end{pmatrix} \tag{2-22}$$

假设存在向量（u，v，w）使

$$W\begin{pmatrix} u \\ v \\ w \end{pmatrix}=0 \tag{2-23}$$

将式（2－23）展开得到：

$$\begin{pmatrix} \tilde{J}\theta(x^*)+cJg_A(x^*)^TJg_A(x^*)+cJg_I(x^*)^TJg_I(x^*) & cJg_A(x^*)^T & cJg_I(x^*)^T \\ \Gamma Jg_A(x^*) & A_{22} & 0 \\ \Gamma Jg_I(x^*) & 0 & I \end{pmatrix}\begin{pmatrix} u \\ v \\ w \end{pmatrix}=0 \tag{2-24}$$

等价于

$$\tilde{J}\theta(x^*)u+cJg_A(x^*)^TJg_A(x^*)u+cJg_I(x^*)^TJg_I(x^*)u+cJg_A(x^*)^Tv+cJg_I(x^*)^Tw=0 \tag{2-25}$$

$$-\Gamma Jg_1(x^*)u + A_{22}v = 0 \tag{2-26}$$

和

$$-Jg_2(x^*)u + A_{33}w = 0 \tag{2-27}$$

这里，$\tilde{\theta}(x) = \begin{pmatrix} \nabla_{x^1}\theta^1(x) \\ \vdots \\ \nabla_{x^N}\theta^N(x) \end{pmatrix}$，$\Gamma$ 和 A_{22} 如式（2-21）所示。

因为

$$A_{22} = \begin{pmatrix} 2-(\xi_1+\zeta_1) & & \\ & \ddots & \\ & & 2-(\xi_N+\zeta_N) \end{pmatrix} \tag{2-28}$$

非奇异（$\|(\xi_v, \zeta_v)\|_2 \leqslant 1$，$v=1, \cdots, N$），从式（2-25）~式（2-27）可得

$$[J\tilde{\theta}(x^*) + cJg_A(x^*)^T Jg_A(x^*) - cJg_A(x^*)^T A_{22}^{-1}\Gamma Jg_A(x^*)]u = 0 \tag{2-29}$$

即

$$u^T J\tilde{\theta}(x^*)u + c[u^T Jg_A(x^*)^T(1 - A_{22}^{-1}\Gamma)Jg_A(x^*)u] = 0 \tag{2-30}$$

因为

$$\Gamma = \begin{pmatrix} 1-\xi_1 & & \\ & \ddots & \\ & & 1-\xi_N \end{pmatrix}, \quad A_{22} = \begin{pmatrix} \xi_1-\zeta_1 & & \\ & \ddots & \\ & & \xi_N-\zeta_N \end{pmatrix}$$

这里，$(\xi_v, \zeta_v) \in \Re^2$，$\|(\xi_v, \zeta_v)\|_2 \leqslant 1$（$v=1, \cdots, N$），所以 $I - A_{22}^{-1}\Gamma$ 是半正定矩阵。由 Betsekas 等（1982）引理 1.25，即

Dedreu G. （1952） Debreu 定理的变形可知，存在常数 c^* 使对于任意 $c \geqslant c^*$ 有

$$u^T J\tilde{\theta}(x^*)u + c[u^T Jg_A(x^*)^T (I - A_{22}^{-1}\Gamma)Jg_A(x^*)u] > 0,\ 若\ u \neq 0 \tag{2-31}$$

最后，结合式（2-25）和式（2-26）可知 $u=0$。由式（2-26）和式（2-27）可得

$v=0$，$w=0$

定理得证。

2.2.3　光滑牛顿法和收敛性定理

本小节我们用光滑牛顿法求解等式 $E_c(\varepsilon, x, y)=0$。计算中，我们设 $z=(x, y)$，令 $\varphi_c(\varepsilon, z) = \| E_c(\varepsilon, z) \|^2$，$\bar{\varepsilon}>0$ 和 $r \in (0, 1)$满足 $r\bar{\varepsilon}<1$，以及 $\theta_c(\varepsilon, z) = r\min\{1, \varphi_c(\varepsilon, z)\}$。这个方法与 Sun J 等(2014)求解半定优化问题的平方光滑牛顿方法类似。

算法 2.2： 光滑牛顿法。

步骤 0　选择参数 $\delta>0$，$\sigma \in (0, 1/2)$，令 $\varepsilon_0=\bar{\varepsilon}$。给定初始点 $z^0 \in \Re^n \times \Re^l \times \Re^m$，置 $k:=0$。

步骤 1　如果 $E_c(\varepsilon_k, z^k)=0$，则停止。否则，令 $\theta_c^k=\theta_c(\varepsilon_k, z^k)$。

步骤 2　由以下等式计算$(\Delta\varepsilon_k, \Delta z^k)$：

$$E_c(\varepsilon_k, z^k) + JE_c(\varepsilon_k, z^k)(\Delta\varepsilon_k, \Delta z^k) = \theta_c^k \begin{pmatrix} \bar{\varepsilon} \\ 0 \end{pmatrix} \tag{2-32}$$

步骤 3　令 t_k 为满足

$$\varphi_c(\varepsilon_k+\delta^t\Delta\varepsilon_k,\ z^k+\delta^t\Delta z^k)\leqslant(1-2\sigma(1-r\bar{\varepsilon})\delta^t)\varphi_c(\varepsilon_k,\ z^k) \tag{2-33}$$

的最小非负 t。置$(\varepsilon_{k+1},\ z^{k+1})=(\varepsilon_k+\delta^t\Delta\varepsilon_k,\ z^k+\delta^t\Delta z^k)$。

步骤 4 置 k 为 $k+1$，转步骤 1。

定理 2.3： 令 $z_k^c=(x_k^c,\ y_k^c)$，$z^c=(x^c,\ y^c)$。假设算法 2.2 产生无穷点列$\{(\varepsilon_k,\ z_k^c)\}$，$(0,\ z^c)$是一个聚点且 $\partial E_c(0,\ z^c)$中任意元素非奇异，则$(0,\ z^c)$是 $E_c(\varepsilon,\ z)=0$ 的解。如果 GNEP－SOSC（2.12）在点 x^c 处成立，那么点列$\{(\varepsilon_k,\ z_k^c)\}$收敛到$(0,\ z^c)$，且

$$\|(\varepsilon_{k+1},\ z_{k+1}^c)-(0,\ z^c)\|=O(\|(\varepsilon_k,\ z_k^c)-(0,\ z^c)\|^2) \tag{2-34}$$

和

$$\varepsilon_{k+1}=O((\varepsilon_k)^2) \tag{2-35}$$

证明： 参考 Qi 等（2000）定理 8。

2.3 数值实验结果

本节给出综合算法来求解 GNEP 式（2－1）。我们使用 Matlab R2009a，PC Pentium（R）Ⅳ 2.80 GHz CPU 处理器。给出的算例选自 Facchinei F（2010）。

算法 2.3： 综合算法。

步骤 0　置 $x^0 \in \Re^n$，$y^0 \in \Re^l$，$\kappa > 0$，$c > 0$，$\lambda_v \in (0, 1)$，$v = 1, \cdots, N$。置 $k = 0$。

步骤 1　如果 x^k 满足

$$\| g(x^k) + y^k \| \leqslant \kappa,$$

则停止。

步骤 2　令 $J^K := \{v \mid (x^k)^v \notin X_v((x^k)^{-v})\}$。对于每个 $v \in J^k$，若

$$\| \nabla_{x^v} \theta^v(x^k) \| > \lambda_v [c \| J_{x^v} g^v (x^k)^T (g^v(x^k) + (y^k)^v) \|]$$

则将 c 扩大到 10 倍。

步骤 3　用算法 2.2 求解 $E_c(\varepsilon, x, y) = 0$。令 x^{k+1} 为最后循环中 $E_c(\varepsilon, x, y) = 0$ 的解。置 k 为 $k+1$，转步骤 1。

例 2.1　该算例选自 Focchinei F 等（2010），是 Kesselmen A 等（2005）关于互联网连接模型的一个变形，后来在 Facchinei F（2007）中作过研究。设有 N 个参与者，第 v 个参与者的决策变量为 $x^v \in \Re$，目标函数为：

$$\theta_v(x) = \frac{-x^v}{x^1 + \cdots + x^N}\left(1 - \frac{x^1 + \cdots + x^N}{B}\right)(v = 1, \cdots, N)$$

这里，我们设 $N = 10$，$B = 1$。第一个参与者的约束集合为 $0.3 \leqslant x^1 \leqslant 0.5$，其他参与者的约束集合为：

$$x^1 + \cdots + x^N \leqslant B,\ x^v \geqslant 0.01$$

在该算例中，相关的参数给出如下：

（1）光滑牛顿法中参数：

$\bar{\varepsilon} = 0.01$，$r = 0.128$，$\sigma = 0.25$，$\delta = 0.8$

停止准则：

$\text{Tol.} = 10^{-6}$

（2）在算法 2.3 中参数如下：

$\lambda_v = 0.1$，$c = 10$，$\kappa = 10^{-6}$

初值选取为：

$x^0 = 0.1 \times \text{ones}(10, 1)$，$y^0 = 0.1 \times \text{ones}(10, 2)$

这里，ones（m，n）表示元素为 1 的 $m \times n$ 矩阵。解为：

（0.4674875592676610；0.0539664166206864；0.0539662807870382；0.0539664220847343；0.0539663326617699；0.0539663210838725；0.0539663025093613；0.0539663302543772；0.0539662970697229；0.0539663920169817）

在精度 Tol. 下算法 2.2 中最后循环中 $\varphi_c(\varepsilon^k, z^k)$ 的值为 5.902879e－007，算法 2.2 中循环次数为 26，在参数迭代算法中参数最终为 10e＋10，算法共用的时间为 2.54272s。

例 2.2 该算例选自 Facchinei F 等（2007）并已在 Nabetani K 等（2011）中研究过。设有 $N=3$ 个参与者，第 v 个参与者的决策变量为 x^v。问题表达如下：

$$\min_{x_1} \; -x_1 \quad \text{s.t.} \begin{cases} x_3 \leqslant x_1 + x_2 \leqslant 1, \\ x_1 \geqslant 0, \end{cases} \qquad \min_{x_2} \; (x_2 - 0.5)^2 \quad \text{s.t.} \begin{cases} x_3 \leqslant x_1 + x_2 \leqslant 1, \\ x_2 \geqslant 0, \end{cases} \qquad \min_{x_3} \; (x_3 - 1.5x_1)^2 \quad \text{s.t.} \begin{cases} x_3 \leqslant 2 \\ x_3 \geqslant 0 \end{cases}$$

通过分析计算可知这个问题有无限个解：

$$\left\{(\alpha, 1-\alpha, 1.5\alpha)^T \,\middle|\, \alpha \in \left[\frac{1}{2}, \frac{2}{3}\right]\right\}$$

在这里，算法的相关参数给出如下：

（1）光滑牛顿法中参数：

$\bar{\varepsilon}=0.0001$，$r=0.5$，$\sigma=0.45$，$\delta=0.8$

停止准则：

Tol. $=10^{-6}$

（2）在算法 2.3 中参数如下：

$\lambda_v=0.1$，$c=10$，$\kappa=10^{-6}$

初值选取为：

$x^0=0.5\times$ones（3，1），$y^0=0.5\times$ones（8，1）

解为：

（0.666666793714942；0.333333205319810；0.999999998840750）

在精度 Tol. 下算法 2.2 中最后循环中 φ_c（ε^k，z^k）的值为 7.170976e－007，算法 2.2 中循环次数为 28，在参数迭代算法中参数最终为 10e＋10，算法共用的时间为 0.30789s。

例 2.3　该算例也选自 Faccjomeo F 等（2007），是 Rossen J B（1965）的著名抽象经济模型 Arrow 和 Debreu 模型演变而来。设有 F 个公司，C 个消费者和一个市场参与者（所以共有 $F+C+1$ 个参与者）。他们之间的市场关系通过 P 种商品相联系。市场参与者置价格为出清价格 p，公司将生产一定的产品实现自己的利润最大化，消费者购买一定的产品实现自己的效用最大化。在这种情况下，公司的决策变量为 $y^j\in\Re^P$（$j=1$，…，F），问题描述为：

$$\max_{y^j} p^T y^j$$

$$\text{s. t.}\begin{cases} y^j \geqslant 0 \\ \sum_{k=1}^{P}(y_k^j)^2 \leqslant j\times 10 \end{cases}$$

第 i 个消费者的决策变量为 $x^i \in \Re^P$，问题描述为：

$$\max_{x^i} u_i\ (x^i)$$

$$\text{s. t.} \begin{cases} x^i \geqslant 0 \\ P^T x^i \leqslant P^T \xi^i \end{cases}$$

这里，$\xi \in \Re^P_+$ 是初始赋值。市场参与者的模型为：

$$\max_p p^T \left(\sum_{i=1}^{C} x^i \sum_{j=1}^{F} y^j - \sum_{i=1}^{C} \xi^i \right)$$

$$\text{s. t.} \begin{cases} p \geqslant 0 \\ \sum_{h=1}^{P} p_h = 1 \end{cases}$$

我们选取 $F=4$，$C=20$，$P=5$，效用函数

$$u^i(x^i) = -\sum_{k=1}^{P} (a_k + i) \times \log(x_k^i + b_k + 2i)(i = 1, \cdots, C/2)$$

$$u^i(x^i) = -\sum_{k=1}^{P} (c_k + i) \times \log(x_k^i + d_k + i)(i = C/2 + 1, \cdots, C)$$

这里，

$$a = \begin{pmatrix} 1 \\ 2 \\ 4 \\ 6 \\ 8 \end{pmatrix},\ b = \begin{pmatrix} 20 \\ 30 \\ 30 \\ 40 \\ 50 \end{pmatrix},\ c = \begin{pmatrix} 10 \\ 6 \\ 4 \\ 10 \\ 1 \end{pmatrix},\ d = \begin{pmatrix} 50 \\ 40 \\ 30 \\ 20 \\ 20 \end{pmatrix}$$

初始赋值为：

$$\xi^i = \begin{pmatrix} 2 \\ 3 \\ 4 \\ 1 \\ 6 \end{pmatrix} \ (i = 1, \cdots, C/2), \quad \xi^i = \begin{pmatrix} 6 \\ 5 \\ 4 \\ 3 \\ 2 \end{pmatrix} \ (i = C/2 + 1, \cdots, C)$$

若变量是负数，对数函数则无意义。在这里我们赋予 b 和 d 足够大的数以避免该情况发生。实验中，相关参数选择如下：

（1）光滑牛顿法中参数：

$\bar{\varepsilon} = 0.0001$，$r = 0.35$，$\sigma = 0.45$，$\delta = 0.5$

停止准则：

Tol. $= 10^{-6}$

（2）在算法 2.3 中参数如下：

$\lambda_v = 0.1$，$c = 10$，$\kappa = 10^{-6}$

初值选取为：

$y^0 = 0.58 \times \text{ones}(4, 5)$，$x^0 = 0.5 \times \text{ones}(20, 5)$，$p^0 = 0.5 \times \text{ones}(1, 5)$

$A^0 = 0.58 \times \text{ones}(6, 4)$，$B^0 = 0.5 \times \text{ones}(6, 20)$，$C^0 = 0.5 \times \text{ones}(5, 1)$

x 的值为：

(6.74280629498214；0.05396641662068；5.78851570180191；9.71716957579789；15.8037652600736；3.82785727353072；7.00842418886094；5.96935986508919；8.09701119838111；12.4044853888172；1.71695205372842；5.53854234515338；

6. 10041829731793;	6. 91487316265231;	9. 94813662770991;
0. 11592826869607;	4. 42044716622410;	6. 19990529096959;
6. 01050412458155;	8. 08974418126411;	1. 14147976698446;
3. 53942560905701;	6. 27811588047634;	5. 29332723714683;
6. 63432229475189;	2. 15633550882307;	2. 82575013808301;
6. 34130783142488;	4. 70828598517511;	5. 46335021470594;
2. 99360832128465;	2. 23459590873850;	6. 39350399348000;
4. 21998689490595;	4. 50063602873882;	3. 69696613787543;
1. 73583474679710;	6. 43740824921656;	3. 80464091024177;
3. 69496877936035;	4. 29684418495457;	1. 30846822782468;
6. 47490512281933;	3. 44566777992854;	3. 01065598099953;
4. 81510438564245;	0. 93741297656532;	6. 50734828654181;
3. 13115774597592;	2. 42205936931178;	3. 18990285973224;
4. 03538170409303;	0. 09081492624095;	24. 9881017340386;
1. 62363040091381;	3. 54356055402655;	4. 00238535465629;
0. 11868716472576;	24. 6140733299337;	2. 11298069284159;
3. 85931685636436;	3. 97139088968806;	0. 30645026351322;
24. 2767517831846;	2. 55111075254942;	4. 14280068634500;
3. 94210099961321;	0. 47570293331822;	23. 9706855803205;
2. 94562754522223;	4. 39857890326532;	3. 91427447100260;
0. 62906457447023;	23. 6914517953185;	3. 30270275959456;
4. 63039550889076;	3. 88771355230610;	0. 76868262327534;
23. 4354244257638;	3. 62739606841245;	4. 84134898744066;

3. 86225458706839；　0. 89633426840061；　23. 1996026420721；
3. 92389478705161；　5. 03402567698224；　3. 83776096948787；
1. 01350294832008；　22. 9814816195493；　4. 19569411264369；
5. 21060138573060；　3. 81411777722352；　1. 12143663508332；
22. 7789541247228；　4. 44573444912465；　5. 37291973744045；
3. 79122763332988；　1. 22119277065592；　22. 5902346391540；
4. 67650728379887）

y 的值为：

（7279. 17960889420；7253. 45571018476；7347. 46070937459；
7516. 06274946505；　7370. 81990427556；　822. 920795496087；
820. 012676283205；　830. 640060074541；　849. 700733535577；
833. 280846537888；　2510. 60780467509；　2501. 73556923913；
2534. 15812284566；　2592. 30937810410；　2542. 21476616719；
738. 460685314686；　735. 851039625584；　745. 387686601508；
762. 492076305769；　747. 757437118896）

p 的值为：

（ 0. 197981440291045；　0. 197281793817899；　0. 199838570567563；
0. 204424260485069；0. 200473901102550）

在精度 Tol. 下算法 2. 2 中最后循环中 φ_c（ε^k，z^k）的值为 1. 997051e－004，算法 2. 2 中循环次数为 41，在参数迭代算法中参数最终为 10e＋10，算法共用的时间为 11. 76113s。

2.4 本章小结

本章研究了求解广义纳什均衡问题的惩罚函数方法。首先引入惩罚方法，将问题转化为一系列经典的纳什均衡问题。其次在 GNEP - EMFCQ 下证明了惩罚问题解序列的极限点就是原问题的解且在有限次迭代后惩罚参数是一个有限常数。对于给定惩罚参数的模型，我们将 Karush - Kuhn - Tucker 系统变换为一个等式系统，这个等式系统的解是惩罚问题的一个稳定点。然而，在 GNEP - SOSC 下证明了解点处等式的广义 Clarke 微分的非奇异性并引入了光滑牛顿法。最后，给出了说明性的数值算例，表明用惩罚方法求解广义纳什均衡问题是较为有效的。本章所用方法优点在于理论上较为容易证明，所需条件较弱。我们通过对三个实例模型的计算以及 Facchinei F 等（2010）已有结果的比较可以看出，本章所提出的惩罚方法同样可以有效地求解广义纳什均衡问题，而引入光滑牛顿法来求解参数固定的子问题对于整个问题的求解来说也大为可行。

3 二阶锥约束的广义纳什均衡问题的光滑牛顿法

本章研究了求解二阶锥约束的广义纳什均衡问题的光滑牛顿法。首先，引入光滑化投影函数将二阶锥约束的广义纳什均衡问题的 Karush - Kuhn - Tucker 系统转化成光滑等式系统。其次，给出系统的 Clarke 广义微分并在一定条件下证明了其非奇异性。再次讨论了光滑牛顿算法的全局收敛性和局部二次收敛性。最后，给出说明性算例。

本章考虑二阶锥（Second - Order Cone）约束的广义纳什均衡问题：

$$\min_{x^v} \theta_v(x^v, x^{-v})$$

$$\text{s. t.} \begin{cases} g^v(x^v, x^{-v}) = 0 \\ h^v(x^v) \in \mathcal{K}_{m_v} \end{cases} \quad (3-1)$$

这里，$\mathcal{K}_{m_v} \subset \Re^{m_v}$是一个二阶锥，定义为：

$$\mathcal{K}_{m_v} = \{(z_0; \bar{z}) \in \Re \times \Re^{m_v-1}: z_0 \geqslant \|\bar{z}\|_2\} \quad (3-2)$$

假设 $g^v(x)$，$h^v(x^v)$ 和 $\theta_v(x)$ 都是二阶连续可微的函数。

显然，如果 x^{-v} 确定，那么式（3－1）就是一个二阶锥约束问题（Second－Order Cone Programming）。关于二阶锥问题的理论和算法目前已有大量较为成熟的工作，如 Alizadeh F 等（2003）、Fukushima M 等（2001）、Kato H 等（2007），但在广义纳什均衡问题中却鲜有研究。

3.1 基本概念和预备知识

定义 3.1：（若当代数）对于向量 $x=(x_0;\ \bar{x})$，$y=(y_0;\ \bar{y})\in\Re\times\Re^m$，由欧几里得内积 $\langle(u,\ v)\rangle:\ =u^Tv$ 和对应的范数 $\|u\|=\sqrt{u^Tu}$ 我们定义若当积为：

$$x\cdot y=\ (x^Ty;\ y_0\bar{x}+x_0\bar{y}) \qquad (3-3)$$

这里，$x^2=x\cdot x$，$|x|=\sqrt{x^2}$。对于任意的 $y\in\kappa_{m+1}$，$\sqrt{y}$ 是空间 κ_{m+1} 上满足 $|x|=y=\sqrt{y}\cdot\sqrt{y}$ 的唯一向量。空间（$\Re^{m+1}$，0）与单位元素 $e=(1,\ 0,\ \cdots,\ 0)^T\in\Re^{m+1}$ 构成了若当代数。

定义 3.2：（谱分解）对于任意 $x=\ (x_0,\ \bar{x})\ \in\Re^{m+1}$，我们称

$$x=\lambda_1c_1+\lambda_2c_2 \qquad (3-4)$$

为 x 的谱分解，这里

$$\lambda_i = x_0 + (-1)^i \| \bar{x} \|, \quad c_i = \begin{cases} \frac{1}{2}\left(1, \ (-1)^i \frac{\bar{x}}{\| \bar{x} \|}\right), & \bar{x} \neq 0 \\ \frac{1}{2}\ (1, \ (-1)^i \omega), & \bar{x} = 0 \end{cases} \tag{3-5}$$

$i=1$, 2, 且 $\omega \in \Re^m$ 满足 $\| \omega \| = 1$。

一元函数通过谱分解可以变换为二阶锥函数。给定函数 $f(\cdot)$: $\Re \to \Re$, 对应的二阶锥函数为:

$$f^{SOC}(x) = f(\lambda_1) c_1 + f(\lambda_2) c_2 \tag{3-6}$$

如果向量 $x \in \Re^{m+1}$ 的谱分解为式(3-2)且 $f(t) = \max[0, t]$, 那么 $f^{SOC}(x)$ 就是 x 到 κ_{m+1} 的度量投影算子，记作

$$\prod_{\kappa_{m+1}}(x) = [\lambda_1]_+ c_1 + [\lambda_2]_+ c_2 \tag{3-7}$$

这里，$[\lambda_i]_+ = \max[0, \lambda_i]$ ($i=1$, 2)。经过计算可得到：

$$\prod_{\kappa_{m+1}}(x) = \begin{cases} \frac{1}{2}\left(1 + \frac{x_0}{\| \bar{x} \|}\right)(\| \bar{x} \|, \bar{x}), & |x_0| < \| \bar{x} \| \\ (x_0, \bar{x}), & \| \bar{x} \| \leqslant x_0 \\ 0 & \| \bar{x} \| \leqslant -x_0 \end{cases} \tag{3-8}$$

此外，光滑化的度量投影算子为：

$$\Phi(\varepsilon, u) = \frac{1}{2}(u + \sqrt{\varepsilon^2 e + u^2}), \quad \forall (\varepsilon, u) \in \Re \times \Re^{m+1} \tag{3-9}$$

当 $\varepsilon = 0$ 时 $\Phi(0, u) = \prod_{\kappa_{m+1}}(u)$, 当 $(\varepsilon^2 e + u^2)_0 \neq \| \overline{\varepsilon^2 e + u^2} \|$ 时函数在 $(\varepsilon, u) \in \Re \times \Re^{m+1}$ 处连续可微。由 San D（2005）可知，$\boldsymbol{\Phi}(\cdot, \cdot)$ 在任意（0, u）$\in \Re \times \Re^{m+1}$ 处全局 Lipschitz 连续且强半光滑，下面我们给出 $\boldsymbol{\Phi}(\varepsilon, \cdot)$ 的微分形式。

A. 当$(\varepsilon^2 e + u^2)_0 \neq \| \overline{\varepsilon^2 e + u^2} \|$时，由链式法则，映射$\Phi(\varepsilon, \cdot)$的微分为：

$$J\Phi(\varepsilon, u) = (J_\varepsilon \Phi(\varepsilon, u) J_u \Phi(\varepsilon, u)) \tag{3-10}$$

这里，

$$J_\varepsilon \Phi(\varepsilon, u) = \frac{1}{2}(J_\varepsilon \varphi(\varepsilon, \lambda_1))c_1 + J_\varepsilon \varphi(\varepsilon, \lambda_2))c_2)$$

$$= \frac{1}{2}\left(\frac{\varepsilon c_1}{\sqrt{\varepsilon^2 + \lambda_1^2}} + \frac{\varepsilon c_2}{\sqrt{\varepsilon^2 + \lambda_2^2}}\right) \tag{3-11}$$

$J_u\Phi$（ε，u）分为以下两种情况给出：

（1）当$\bar{u} \neq 0$时，有

$$J_u \Phi(\varepsilon, u) = \frac{1}{2}\begin{pmatrix} 1 + \frac{1}{2}\left(\frac{\lambda_1}{\sqrt{\varepsilon^2 + \lambda_1^2}} + \frac{\lambda_2}{\sqrt{\varepsilon^2 + \lambda_2^2}}\right) & Y^T \\ Y & Z \end{pmatrix} \tag{3-12}$$

这里，

$$Y = \frac{1}{2}\left(\frac{\lambda_2}{\sqrt{\varepsilon^2 + \lambda_2^2}} - \frac{\lambda_1}{\sqrt{\varepsilon^2 + \lambda_1^2}}\right)\frac{\bar{u}}{\| \bar{u} \|} \tag{3-13}$$

$$Z = \left[1 + \frac{\sqrt{\varepsilon^2 + \lambda_2^2} - \sqrt{\varepsilon^2 + \lambda_1^2}}{\lambda_2 - \lambda_1}\right] I_m + \left[\frac{1}{2}\left(\frac{\lambda_1}{\sqrt{\varepsilon^2 + \lambda_2^2}} + \sqrt{\varepsilon^2 + \lambda_2^2}\right) - \frac{\sqrt{\varepsilon^2 + \lambda_2^2} - \sqrt{\varepsilon^2 + \lambda_1^2}}{\lambda_2 - \lambda_1}\right]\frac{\overline{uu^T}}{\| \bar{u} \|^2} \tag{3-14}$$

（2）当$\bar{u} = 0$时，有

$$J_u \Phi(\varepsilon, u) = \left\{\frac{1}{2}\left(1 + \frac{u_0}{\sqrt{\varepsilon^2 + u_0^2}}\right) I_{m+1}\right\} \tag{3-15}$$

B. 当$(\varepsilon^2 e+u^2)_0=\|\overline{\varepsilon^2 e+u^2}\|$时，也即 $\varepsilon^2+u_0^2+\|\bar{u}\|^2=2|u_0|\|\bar{u}\|$时，$\partial_B\Phi(\varepsilon, u)$分三种情况给出：

（1）当 $\varepsilon=0$ 且 $u_0=\|\bar{u}\|\neq 0$ 时，有

$$\partial_B\Phi(\varepsilon, u)=\left\{\left(\pm\sqrt{\gamma(1-\gamma)}c_1 \quad I_{m+1}-2\gamma c_1 c_1^T\right): \gamma\in[0, 1]\right\} \tag{3-16}$$

（2）当 $\varepsilon=0$ 且 $-u_0=\|\bar{u}\|\neq 0$ 时，有

$$\partial_B\Phi(\varepsilon, u)=\left\{\left(\pm\sqrt{\gamma(1-\gamma)}c_2 \quad 2\gamma c_2 c_2^T\right): \gamma\in[0, 1]\right\} \tag{3-17}$$

（3）当$(\varepsilon^2 e+u^2)_0=\|\overline{\varepsilon^2 e+u^2}\|$，也即 $\varepsilon=u_0=\|\bar{u}\|=0$ 时，有

$$\partial_B\Phi(\varepsilon, u)=\left\{\left(\pm\sqrt{\gamma(1-\gamma)}e \quad 2\gamma ee^T\right): \gamma\in[0, 1]\right\}$$

$$\cup\left\{V(\gamma_1, \gamma_2\alpha, \omega) \,\middle|\, \begin{array}{r}\exists\varepsilon_k\downarrow 0,\ \exists\bar{u}^k\neq 0,\ \dfrac{\bar{u}^k}{\|\bar{u}_k\|}\to\omega,\\ \alpha(\varepsilon_k, u^k)\to\alpha,\ \gamma_i(\varepsilon_k, u^k)\to\gamma_i(i=1, 2)\end{array}\right\} \tag{3-18}$$

这里，

$$\alpha(\varepsilon_k, u^k)=\frac{\varphi(\varepsilon_k, \lambda_2^k)-\varphi(\varepsilon_k, \lambda_1^k)}{\lambda_2^k-\lambda_1^k} \tag{3-19}$$

$$\gamma_i(\varepsilon_k, u^k)=\frac{1}{2}\left(1+\frac{\lambda_i^k}{\sqrt{\varepsilon_k^2+(\lambda_i^k)^2}}\right) \tag{3-20}$$

$$V(\gamma_1, \gamma_2, \alpha, \omega)=[v(\gamma_1, \gamma_2, \alpha, \omega) \quad \Gamma(\gamma_1, \gamma_2, \alpha, \omega)] \tag{3-21}$$

其中，$v(\gamma_1, \gamma_2, \alpha, \omega) \in \Re^{m+1}$ 和 $\Gamma(\gamma_1, \gamma_2, \alpha, \omega)$ 分别定义为：

$$v(\gamma_1, \gamma_2, \alpha, \omega) = \pm\frac{1}{2}\left(\sqrt{\gamma_1(1-\gamma_1)}\begin{pmatrix}1\\-\omega\end{pmatrix}+\sqrt{\gamma_2(1-\gamma_2)}\begin{pmatrix}1\\\omega\end{pmatrix}\right) \tag{3-22}$$

和

$$\Gamma(\gamma_1, \gamma_2, \alpha, \omega) = \frac{1}{2}\begin{pmatrix}\gamma_1+\gamma_2 & (\gamma_2-\gamma_1)\omega^T\\(\gamma_2-\gamma_1)\omega & 2\alpha(I_m-\omega\omega^T)+(\gamma_1+\gamma_2)\omega\omega^T\end{pmatrix} \tag{3-23}$$

接下来我们用 γ_1 和 γ_2 给出 α 的表达式。令 $\beta(\varepsilon, u) = \sqrt{\frac{\varepsilon^2+\lambda_1^2}{\varepsilon^2+\lambda_2^2}}$，如果 $\varepsilon_k \downarrow 0$，$\bar{u}^k \to 0$，$\bar{u}^k \neq 0$，$\frac{\bar{u}^k}{\|\bar{u}^k\|} \to \omega$，$\alpha(\varepsilon_k, u^k) \to \alpha$，$\gamma_i(\varepsilon_k, u^k) \to \gamma_i (i=1, 2)$，那么有 $\beta \in [0, +\infty)$，使 $\beta(\varepsilon_k, u^k) \to \beta$。这样 α 表达为：

$$\alpha = \begin{cases}\dfrac{\gamma_2+\beta\gamma_1}{1+\beta}, & \beta \in [0, +\infty)\\ \gamma_1 & \beta = +\infty\end{cases} \tag{3-24}$$

命题 3.1：[33, Proposition 2.3] 对于任意 $V_0 \in \partial_B \prod_{\kappa_{m+1}}(u)$，有 $V \in \partial_B \Phi(0, u)$ 满足

$$V = [v \quad V_0] \tag{3-25}$$

命题 3.2：[33, Proposition 3.1] 对于任意 $V \in \partial\Phi(0, u)$，我们有

$$\langle h - V(0, h), V(0, h)\rangle \geqslant 0, \ \forall h \in \Re^{m+1} \tag{3-26}$$

命题 3.3：如果$(\lambda_v, h^v) \in \kappa_{m_v} \times \kappa_{m_v}$满足 $\lambda_v \cdot h^v = 0$，那么存在 $\sigma > 0$ 使

$$\lambda_v = \sigma (h_0^v, -h_1^v, \cdots, -h_{m_v-1}^v)^T \tag{3-27}$$

最后，我们假设式（3－1）是参与者凸的。在广义纳什均衡问题的研究中，参与者凸是一个普遍而平凡的假设。

假设 3.1：（参与者凸假设）对于 $v \in \{1, \cdots, N\}$，每个 h_j^v 在 $\Re^{n_v}$ 上是连续可微且凸的，这里 $j = 1, \cdots, m_v$。此外，对于每个 $x^{-v} \in \Re^{n-v}$，函数 $\theta_v(x)$和 $g_i^v(x)$关于 x^v 连续且凸，这里 $i = 1, \cdots, l_v$。

3.2　Karush－Kuhn－Tucker 系统及等价形式

在式（3－1）中，对于任意给定的 x^{-v}，第 v 个参与者的拉格朗日表达式为：

$$L_v(x, \mu_v, \lambda_v) = \theta_v(x) + \mu_v^T g^v(x) - \lambda_v^T h^v(x^v)$$

设 $x^{*,v}$是第 v 个参与者的解，函数 $\theta_v(x)$、$g^v(x)$和 $h^v(x^v)$在点 x^* 处可微，Robinson 约束规范

$$0 \in \operatorname{int}\left\{\begin{pmatrix} g^v(x^*) \\ h^v(x^{*,v}) \end{pmatrix} + \begin{pmatrix} J_{x^v} g^v(x^*) \\ J h^v(x^{*,v}) \end{pmatrix} - \begin{pmatrix} 0 \\ \kappa_{m_v} \end{pmatrix}\right\} \tag{3-28}$$

在点 x^* 处成立，那么存在数对$(\mu_v^*, \lambda_v^*) \in \Re^{l_v} \times \Re^{m_v}$，使 Karush－Kuhn－Tucker 条件

$$\nabla_{x^v} L^v((x^v, x^{*-v}), \mu_v, \lambda_v) = 0$$
$$g^v(x^v, x^{*-v}) = 0 \qquad (3-29)$$
$$\kappa_{m_v} \ni \lambda_v \perp h^v(x^v) \in \kappa_{m_v}$$

在点（$x^{*,v}$，μ_v^*，λ_v^*）处成立。考虑所有 N 个成员，联合的 Karush - Kuhn - Tucker 条件为：

$$L(x, \mu, \lambda) = 0$$
$$g(x) = 0$$
$$\kappa \ni \lambda \perp h(x) \in \kappa \qquad (3-30)$$

这里，$\kappa = \kappa_{m1} \times \cdots \times \kappa_{mN}$

$$L(x, \mu, \lambda) = \begin{pmatrix} \nabla_{x^1} L_1(x, \mu_1, \lambda_1) \\ \vdots \\ \nabla_{x^N} L_N(x, \mu_N, \lambda_N) \end{pmatrix} \quad \mu = \begin{pmatrix} \mu_1 \\ \vdots \\ \mu_N \end{pmatrix}$$

$$g(x) = \begin{pmatrix} g^1(x) \\ \vdots \\ g^N(x) \end{pmatrix}, \ \lambda = \begin{pmatrix} \lambda_1 \\ \vdots \\ \lambda_N \end{pmatrix}, \ h(x) = \begin{pmatrix} h^1(x^1) \\ \vdots \\ h^N(x^N) \end{pmatrix}$$

引入度量投影算子——式（3 - 8），式（3 - 30）转化为半光滑式（3 - 31）

$$F(x, \mu, \lambda) = \begin{pmatrix} L(x, \mu, \lambda) \\ g(x) \\ h(x) - \prod_\kappa (h(x) - \lambda) \end{pmatrix} = 0 \qquad (3-31)$$

由式（3 - 6）可知，F（x，μ，λ） $=0$ 与

$$E(\varepsilon, x, \mu, \lambda)=\begin{pmatrix}\varepsilon \\ L(x, \mu, \lambda) \\ g(x) \\ h(x)-\Phi(\varepsilon, h(x)-\lambda)\end{pmatrix}=0 \tag{3-32}$$

等价，这里 $\Phi(\varepsilon, h(x)-\lambda)=(\Phi^1(\varepsilon, h^1(x)-\lambda_1), \cdots, \Phi^N(\varepsilon, h^N(x)-\lambda_N))^T$，其中

$$\Phi^v(\varepsilon, h^v(x)-\lambda_v)=\frac{1}{2}(h^v(x^v)-\lambda_v)+\sqrt{\varepsilon^2 e_v+(h^v(x^v)-\lambda_v)^2} \tag{3-33}$$

而且 $e_v=(1, 0, \cdots, 0)^T\in\Re^{m_v}$ 对任意 $v\in\{1, \cdots, N\}$ 成立。

3.3　非奇异性定理

经过计算，对于 $\varepsilon\neq0$，E 在（ε，x，μ，λ）点处关于（x，μ，λ）的微分为：

$$J_{x,\mu,\lambda}E(\varepsilon, x, \mu, \lambda)=\begin{pmatrix}B_{11} & B_{12} & B_{13} \\ B_{21} & 0 & 0 \\ B_{31} & 0 & B_{33}\end{pmatrix} \tag{3-34}$$

这里

$$B_{11}=\begin{pmatrix} J_x\ \nabla_{x^1}L^1(x,\ \mu_1,\ \lambda_1) \\ \vdots \\ J_x\ \nabla_{x^N}L^N(x,\ \mu_N,\ \lambda_N) \end{pmatrix}$$

$$B_{12}=\begin{pmatrix} \nabla_{x^1}g^1(x) & & \\ & \ddots & \\ & & \nabla_{x^N}g^N(x) \end{pmatrix}$$

$$B_{13}=\begin{pmatrix} -\nabla_{x^1}h^1(x^1) & & \\ & \ddots & \\ & & \nabla_{x^N}h^N(x^N) \end{pmatrix},\quad B_{21}=\begin{pmatrix} Jg^1(x) \\ \vdots \\ Jg^N(x) \end{pmatrix}$$

$$B_{31}=\begin{pmatrix} Jh^1(x^1)(I-J_2\Phi(\varepsilon,h^1(x^1)-\lambda_1)) & & \\ & \ddots & \\ & & Jh^N(x^1)(I-J_2\Phi(\varepsilon,h^N(x^N)-\lambda_N)) \end{pmatrix}$$

$$B_{33}=\begin{pmatrix} J_2\Phi\ (\varepsilon,\ h^1\ (x^1)\ -\lambda_1) & & \\ & \ddots & \\ & & J_2\Phi\ (\varepsilon,\ h^N\ (x^N)\ -\lambda_N) \end{pmatrix}$$

其中

$$J_2\Phi(\varepsilon,\ h^v(x^v)-\lambda_v)=J_u\Phi(\varepsilon,\ u)\big|_{u=h^v(x^v)-\lambda_v} \tag{3-35}$$

假设（0，x^*，μ^*，λ^*）是问题的解，我们引入以下指标集：

$$I^*=\{v:\ h^v(x^{*,v})\in \text{int}\boldsymbol{\kappa}_{m_v},\ v=1,\ \cdots,\ N\}$$

$$Z^*=\{v:\ h^v(x^{*,v})=0,\ v=1,\ \cdots,\ N\} \tag{3-36}$$

$$B^*=\{v:\ h^v(x^{*,v})\in \text{bd}\boldsymbol{\kappa}_{m_v}\setminus\{0\},\ v=1,\ \cdots,\ N\}$$

不失一般性，我们约定 $Z^* = \{1, \cdots, s\}$，$B^* = \{s+1, \cdots, r\}$ 和 $I^* = \{r+1, \cdots, N\}$。

定义 3.3：（GNEP 的约束非退化性条件）具有约束 $g(x)=0$ 和 $h(x) \in \kappa$ 的 GNEP 在 x^* 点处的约束非退化性条件为

$$\begin{pmatrix} \Im g(x^*) \\ Jh(x^*) \end{pmatrix} \Re^n + \mathrm{lin}(\mathrm{T}_{\{0\} \times \kappa}(0, h(x^*))) = \Re^l \times \Re^m \qquad (3-37)$$

这里 $\Im g(x^*) = \mathrm{diag}\,(J_{x^v} g(x^*))_{v=1}^N$。

条件（3－37）在 x^* 处成立当且仅当映射

$$A(d) = \begin{pmatrix} \Im g(x^*) d \\ Jh^1(x^{*,1}) d^1 \\ \vdots \\ Jh^s(x^{*,s}) d^s \\ h^{s+1}(x^{*,s+1})^T R_{m_{s+1}} Jh^{s+1}(x^{*,s+1}) d^{s+1} \\ \vdots \\ h^r(x^{*,r})^T R_{m_r} Jh^r(x^{*,r}) d^r \end{pmatrix} \qquad (3-38)$$

是满射，这里 $d = (d^1, \cdots, d^N)^T$，$\Re^{m_v \times m_v} \in \Re_{m_v} = \begin{pmatrix} 1 & 0^T \\ 0 & -I_{m_v - 1} \end{pmatrix}$，$v \in B^*$。此外问题在 x^* 点处临界锥的仿射空间为

$$\mathrm{aff}C(x^*) = \left\{ d \in \Re^n \;\middle|\; \begin{pmatrix} Jh^v(x^{*,v}) d^v = 0,\ v \in S_1 \\ \langle \lambda_v^*,\ Jh^v(x^{*,v}) d^v \rangle = 0,\ v \in S_2;\ Jg(x^*) d = 0 \\ Jh^v(x^{*,v}) d^v \in \Re((\lambda_v^*)_0 - \bar{\lambda}_v^*),\ v \in N_2 \end{pmatrix} \right\}$$

$$(3-39)$$

这里，

$$
\begin{aligned}
&S_1=\{v:\ h^v(x^{*,v})=0,\ \lambda_v^*\in \mathrm{int}\boldsymbol{\kappa}_{m_v}\}\\
&N_1=\{v:\ h^v(x^{*,v})=\lambda_v^*=0\}\\
&S_2=\{v:\ (h^v(x^{*,v}),\ \lambda_v^*)\in \mathrm{bd}\boldsymbol{\kappa}_{m_v}\setminus\{0\}\times \mathrm{bd}\boldsymbol{\kappa}_{m_v}\setminus\{0\}\}\\
&N_2=\{v:\ h^v(x^{*,v})=0,\ \lambda_v^*\in \mathrm{bd}\boldsymbol{\kappa}_{m_v}\setminus\{0\}\}\\
&S_3=\{v:\ h^v(x^{*,v}\in \mathrm{int}\boldsymbol{\kappa}_{m_v},\ \lambda_v^*=0\}\\
&N_3=\{v:\ h^v(x^{*,v})\in \mathrm{bd}\boldsymbol{\kappa}_{m_v}\setminus\{0\},\ \lambda_v^*=0\}
\end{aligned}
\tag{3-40}
$$

定义 3.4：（单个参与者的强二阶充分性条件，PSSOSC）对于 $v=1,\ \cdots,\ N$，设点 x^* 是式（3－1）的可行点，$\Lambda(x^*)=\{(\mu^*,\ x^*)\}$ 是满足系统式（3－30）的一个单点集。我们称广义纳什均衡问题中单个参与者的强二阶充分性条件在点 x^* 处成立若

$$\langle d,\ L(x^*,\ \mu^*,\ \lambda^*)d\rangle+\langle d,\ H(x^*,\ \lambda^*)d\rangle>0,\quad \forall d\in \mathrm{aff}C(x^*)\setminus\{0\} \tag{3-41}$$

这里，$L(x^*,\ \mu^*,\ \lambda^*)=\mathrm{diag}(\nabla_{x_v}^2L_v(x^*,\ \mu_v^*,\ \lambda_v^*))$，$H(x^*,\ \lambda^*)=\mathrm{diag}(H^v(x^{*,v},\ \lambda_v^*))$，其中

$$H^v(x^{*,v},\lambda_v^*)=\begin{cases}-\dfrac{(\lambda_v^*)_0}{h_0^v(x^{*,v})}Jh^v\ (x^{*,v})^T\begin{pmatrix}1 & 0^T\\ 0 & -I_{m_v-1}\end{pmatrix}Jh^v(x^{*,v}), & 若\ v\in B^*\\ 0 & ,否则,v\ 属于其他\end{cases}$$

给定 $x^{*,-v}$，对于每个参与者 v，显然 PSSOSC 等价于式（3－1）在 $x^{*,v}$ 点处的强二阶充分性条件。下面我们再给出另一个二阶最优性条件。

定义 3.5：（拟强二阶最优性条件）对于 $v=1, \cdots, N$，设 x^* 是式（3－1）的可行点，$\Lambda(x^*)=\{(\mu^*, x^*)\}$ 是满足式（3－30）的单点集。我们称 GNEP 的拟强二阶最优性条件在 x^* 点处成立若

$$\langle d, JL(x^*, \mu^*, \lambda^*)d\rangle+\langle d, H(x^*, \lambda^*)d\rangle>0, \quad \forall d\in \mathrm{aff}C(x^*)\setminus\{0\} \tag{3-42}$$

这里 $H(x^*, \lambda^*)=\mathrm{diag}(H^v(x^{*,v}, \lambda_v^*))$，其中

$$H^v(x^{*,v},\lambda_v^*)=\begin{cases}-\dfrac{(\lambda_v^*)_0}{h_0^v(x^{*,v})}Jh^v(x^{*,v})^T\begin{pmatrix}1 & 0^T\\ 0 & -I_{m_v-1}\end{pmatrix}Jh^v(x^{*,v}), & 若 v\in B^*\\ ,否则,v 属于其他\end{cases} \tag{3-43}$$

命题 3.4：设 $x^*=(x^{*,1}, \cdots, x^{*,N})^T$，且对于任意 $x^{*,-v}$ 点，$(x^{*,v}, \mu_v, \lambda_v)$ 是式(3－1)的 Karush－Kuhn－Tucker 点。那么对于任意 $V\in\partial\Phi(0, h(x^*)-\lambda)$ 和满足 $\Delta s=V(0, \Delta s+\Delta t)$ 的 Δs，$\Delta t\in\Re^m$，有

$$\langle\Delta s, \Delta t\rangle\geqslant K(x^*, \lambda, \Delta s)$$

这里 $\Delta s=(\Delta s^1,\cdots,\Delta s^N),\Delta t=(\Delta t^1,\cdots,\Delta t^N),K(x^*,\lambda,\Delta s)=\sum_{v=1}^{N}K^v(x^{*,v},\lambda_v,\Delta s^v)$，其中

$$K^v(x^{*,v},\lambda_v,\Delta s^v)=\begin{cases}-\dfrac{(\lambda_v)_0}{h_0^v(x^{*,v})}\Delta(s^v)^T\begin{pmatrix}1 & 0^T\\ 0 & -I_{m_v-1}\end{pmatrix}\Delta s^v, & 若 v\in B^*\\ ,否则,v 属于其他\end{cases}$$

B^* 如式（3－36）定义。

证明： 因为 $\langle \Delta s, \Delta t\rangle = \sum_{v=1}^{N}\langle \Delta s^v, \Delta t^v\rangle$，所以对于 $v\in\{1, \cdots, N\}$ 我们比较 $\langle \Delta s^v, \Delta t^v\rangle$ 和 $K^v(x^{*,v}, \lambda_v)$。由命题3.2可知，对于任意 $V^v\in\partial\Phi(0, h^v(x^{*,v})-\lambda_v)$ 有

$$\langle \Delta s^v, \Delta t^v\rangle = \langle V^v(0, \Delta s^v+\Delta t^v), (\Delta s^v+\Delta t^v)-V^v(0, \Delta s^v+\Delta t^v)\rangle \geqslant 0 \tag{3-44}$$

下面我们分析当 $v\in B^*$，即 $h^v(x^{*,v})\in bd\kappa_{m_v}\setminus\{0\}$ 时的情况。由命题3.1可知，要么 $\lambda_v=0$，要么存在 $\xi^v>0\xi^v$ 使 $\lambda_v=\xi^v(h_0^v(x^{*,v}), -\bar{h}^v(x^{*,v}))$。如果 $\lambda_v=0$，显然 $K^v(x^{*,v}, \lambda_v)=0$。否则

$$h^v(x^{*,v})-\lambda_v=((1-\xi^v)h_0^v(x^{*,v}), (1+\xi^v)\bar{h}^v(x^{*,v})) \tag{3-45}$$

$$=\left(h_0^v(x^{*,v})-(\lambda_v)_0, \frac{h_0^v(x^{*,v})-(\lambda_v)_0}{h_0^v(x^{*,v})}\bar{h}^v(x^{*,v})\right) \tag{3-46}$$

由式（3-12）可知，$V^v\in\partial\Phi(0, h^v(x^{*,v})-\lambda_v)$ 可表达为：

$$V^v=\frac{1}{2}\begin{pmatrix} 0 & 1 & \dfrac{\bar{h}^v(x^{*,v})^T}{\|\bar{h}^v(x^{*,v})\|} \\ 0 & \dfrac{\bar{h}^v(x^{*,v})}{\|\bar{h}^v(x^{*,v})\|} & U^v \end{pmatrix} \tag{3-47}$$

这里，

$$U^v=I_{m_v-1}+\frac{h_0^v(x^{*,v})-(\lambda_v)_0}{h_0^v(x^{*,v})+(\lambda_v)_0}I_{m_v-1}-\frac{h_0^v(x^{*,v})-(\lambda_v)_0}{h_0^v(x^{*,v})+(\lambda_v)_0}\times \frac{\bar{h}^v(x^{*,v})\bar{h}^v(x^{*,v})^T}{\|\bar{h}^v(x^{*,v})\|^2} \tag{3-48}$$

我们将等式 $\Delta s^v=V(0, \Delta s^v+\Delta t^v)$ 写为：

$$\Delta s^{v}=\frac{1}{2}\begin{pmatrix}0 & 1 & \frac{\bar{h}^{v}(x^{*,v})^{T}}{\|\bar{h}^{v}(x^{*,v})\|}\\ 0 & \frac{\bar{h}^{v}(x^{*,v})}{\|\bar{h}^{v}(x^{*,v})\|} & U^{v}\end{pmatrix}\begin{pmatrix}0\\ \Delta s^{v}+\Delta t^{v}\end{pmatrix} \tag{3-49}$$

这意味着

$$\Delta s_{0}^{v}=\frac{1}{2}(\Delta s_{0}^{v}+\Delta t_{0}^{v})+\frac{1}{2}\frac{\bar{h}^{v}(x^{*,v})^{T}}{\|\bar{h}^{v}(x^{*,v})\|}(\overline{\Delta s^{v}}+\overline{\Delta t^{v}}) \tag{3-50}$$

这里，

$$\overline{\Delta s^{v}}=\frac{1}{2}\frac{\bar{h}^{v}(x^{*,v})}{\|\bar{h}^{v}(x^{*,v})\|}(\Delta s_{0}^{v}+\Delta t_{0}^{v})+\frac{h_{0}^{v}(x^{*,v})}{h_{0}^{v}(x^{*,v})+(\lambda_{v})_{0}}(\overline{\Delta s^{v}}+\overline{\Delta t^{v}})$$
$$-\frac{1}{2}\frac{h_{0}^{v}(x^{*,v})-(\lambda_{v})_{0}}{h_{0}^{v}(x^{*,v})+(\lambda_{v})_{0}}\times\frac{\bar{h}^{v}(x^{*,v})\bar{h}^{v}(x^{*,v})^{T}}{\|\bar{h}^{v}(x^{*,v})\|^{2}}(\overline{\Delta s^{v}}+\overline{\Delta t^{v}}) \tag{3-51}$$

由式（3－51），我们得出：

$$\langle\overline{\Delta s^{v}},\ \bar{h}^{v}(x^{*,v})\rangle=\Delta s_{0}^{v}h_{0}^{v}(x^{*,v}) \tag{3-52}$$

$$\langle\Delta s^{v},\ \Delta t^{v}\rangle=\Delta s_{0}^{v}\Delta t_{0}^{v}+\frac{(\lambda_{v})_{0}}{h_{0}^{v}(x^{*,v})}\|\overline{\Delta s^{v}}\|^{2}-\left(\frac{\Delta t_{0}^{v}}{\|\bar{h}^{v}(x^{*,v})\|}+\frac{(\lambda_{v})_{0}}{h_{0}^{v}(x^{*,v})}\frac{\Delta s_{0}^{v}}{\|\bar{h}^{v}(x^{*,v})\|}\right)\langle\bar{h}^{v}(x^{*,v}),\ \overline{\Delta s^{v}}\rangle \tag{3-53}$$

由于 $v\in B^{*}$，$h_{0}^{v}(x^{*,v})=\|\bar{h}^{v}(x^{*,v})\|\neq 0$，由式（3－53）可以得出：

$$\langle\Delta s^{v},\ \Delta t^{v}\rangle=\frac{(\lambda_{v})_{0}}{h_{0}^{v}(x^{*,v})}(\|\overline{\Delta s^{v}}\|^{2}-(\Delta s_{0}^{v})^{2})=K^{v}(x^{*,v},\ \lambda_{v},\ \Delta s^{v}) \tag{3-54}$$

联合式（3－44）和式（3－54），命题得证。

定理3.1：设 $x^*=(x^{*,1},\cdots,x^{*,N})^T$，$\mu^*=(\mu_1^*,\cdots,\mu_N^*)$，$\lambda^*=(\lambda_1^*,\cdots,\lambda_N^*)$，点$(x^{*,v},u_v^*,\lambda_v^*)$是式(3－1)的 Karush－Kuhn－Tucker 点。如果 GNEP 的约束非退化条件式（3 37）和拟强二阶优化条件式（3－42）在点 x^* 处成立，那么 $\partial E(0,x^*,\mu^*,\lambda^*)$ 中任意元素非奇异。

证明：设 W 是 $\partial E(0,x^*,\mu^*,\lambda^*)$中一任意元素且向量$(\Delta\varepsilon,\Delta x,\Delta\mu,\Delta\lambda)\in\Re\times\Re^n\times\Re^1\times\Re^m$ 满足

$W(\Delta\varepsilon,\Delta x,\Delta\mu,\Delta\lambda)=0$

已知存在 $V\in\partial\Phi(0,h(x^*)-\lambda^*)$使

$$W(\Delta\varepsilon,\Delta x,\Delta\mu,\Delta\lambda)=\begin{pmatrix}\Delta\varepsilon\\ J_xL(x^*,\mu^*,\lambda^*)\Delta x+\Im g(x^*)^T\Delta\mu-Jh(x^*)^T\Delta\lambda\\ -g(x^*)\Delta x\\ -Jh(x^*)\Delta x+V(\Delta\varepsilon,Jh(x^*)\Delta x-\Delta\lambda)\end{pmatrix}=0 \tag{3－55}$$

这里，$\Im g(x^*)=\mathrm{diag}(J_{x^v}g(x^*))_{v=1}^N$，$h(x)=(h^1(x^1),\cdots,h^N(x^N))^T$。显然 $\Delta\varepsilon=0$，这样，式(3－55)的最后一个式子就简化为：

$$-Jh(x^*)\Delta x+V(0,Jh(x^*)\Delta x-\Delta\lambda)=0 \tag{3－56}$$

下面分三种情况分析：

（1）若 $v\in S_1$，则 $h^v(x^{*,v})=0$，$\lambda_v^*\in\mathrm{int}\kappa_{m_v}$。可以得出 $V^v\in\partial\Phi(0,h^v(x^{*,v})-\lambda_v^*)=\{0\}$。这样，对于任意 $v\in S_1$ 有 $Jh^v(x^{*,v})\Delta x^v=0$。

（2）若 $v \in S_2$，则 $h^v(x^{*,v}) \in \mathrm{bd}\boldsymbol{\kappa}_{m_v}$，$\boldsymbol{\lambda}_v^* \in \mathrm{bd}\boldsymbol{\kappa}_{m_v} \setminus \{0\}$。由命题3.1可知，存在 $\xi^v > 0$ 使 $\boldsymbol{\lambda}_v^* = \xi^v(h_0^v(x^{*,v}), -\bar{h}^v(x^{*,v}))$，由此可知：

$$h^v(x^{*,v}) - \boldsymbol{\lambda}_v^* = \left(h_0^v(x^{*,v}) - (\boldsymbol{\lambda}_v^*)_0, \frac{h_0^v(x^{*,v}) + (\boldsymbol{\lambda}_v^*)_0}{h_0^v(x^{*,v})}\bar{h}^v(x^{*,v})\right) \tag{3-57}$$

显然，V^v 满足式（3-12），不难得出

$$\langle((Jh^v(x^{*,v})\Delta x^v)_0, \overline{Jh^v(x^{*,v})\Delta x^v}), (h^v(x^{*,v}), -\bar{h}^v(x^{*,v}))\rangle = 0 \tag{3-58}$$

这样，对于 $v \in S_2$ 可以得出 $\langle Jh^v(x^{*,v})\Delta x^v, \boldsymbol{\lambda}_v^*\rangle = 0$。

（3）若 $v \in N_2$，则 $h^v(x^{*,v}) = 0$，$\boldsymbol{\lambda}_v^* \in \mathrm{bd}\boldsymbol{\kappa}_{m_v} \setminus \{0\}$。$V^v \in \partial\Phi(0, h^v(x^{*,v}) - \boldsymbol{\lambda}_v^*)$ 可表达为 $V^v = \sum_{i=1}^{p}\alpha_i^v V_i^v$，这里 $\sum_{i=1}^{p}\alpha_i^v = 1$，$\alpha_i^v \geqslant 0$，$V_i^v \in \partial\Phi(0, h^v(x^{*,v}) - \boldsymbol{\lambda}_v^*)$ 满足式（3-17）。所以，存在 $\gamma_i^v \in [0,1]$ 使

$$V_i^v(0, Jh^v(x^{*,v})\Delta x^v - \Delta\boldsymbol{\lambda}_v) = \frac{\gamma_i^v}{2}\begin{pmatrix} 1 & -\dfrac{\bar{\boldsymbol{\lambda}}_v^T}{\|\bar{\boldsymbol{\lambda}}_v\|} \\ -\dfrac{\bar{\boldsymbol{\lambda}}_v}{\|\bar{\boldsymbol{\lambda}}_v\|} & \dfrac{\bar{\boldsymbol{\lambda}}_v\bar{\boldsymbol{\lambda}}_v^T}{\|\bar{\boldsymbol{\lambda}}_v\|^2}\end{pmatrix}(Jh^v(x^{*,v})\Delta x^v - \Delta\boldsymbol{\lambda}_v) \tag{3-59}$$

即

$$V^v(0, Jh^v(x^{*,v})\Delta x^v - \Delta\boldsymbol{\lambda}_v) = \sum_{i=1}^{p}\alpha_i^v\frac{\gamma_i^v}{2}\begin{pmatrix} 1 & -\dfrac{\bar{\boldsymbol{\lambda}}_v^T}{\|\bar{\boldsymbol{\lambda}}_v\|} \\ -\dfrac{\bar{\boldsymbol{\lambda}}_v}{\|\bar{\boldsymbol{\lambda}}_v\|} & \dfrac{\bar{\boldsymbol{\lambda}}_v\bar{\boldsymbol{\lambda}}_v^T}{\|\bar{\boldsymbol{\lambda}}_v\|^2}\end{pmatrix}$$

$$(Jh^v(x^{*,v})\Delta x^v - \Delta\lambda_v) \quad (3-60)$$

然后，由式（3－56）我们可以得出 $-(Jh^v(x^{*,v})\Delta x^v)_0\bar{\lambda}_v = (\lambda_v)_0\overline{Jh^v(x^{*,v})\Delta x^v}$，也就是对于任意 $v\in N_2$，有 $Jh^v(x^{*,v})\Delta x^v\in\Re((\lambda_v)_0, -\bar{\lambda}_v)$。

综合以上三种情况，式（3－39）和式（3－55）第三行，我们有

$$\Delta x = (\Delta x^1, \cdots, \Delta x^N)^T \in affC(x^*) \quad (3-61)$$

由于 $g(x)$ 是凸函数且 $g(x)=0$，显然

$$Jg(x) = \Im g(x)$$

再综合式（3－55）第二行和第三行，我们有

$$\begin{aligned}0 &= \langle \Delta x, J_xL(x^*, \mu^*, \lambda^*)\Delta x + \Im g(x^*)^T\Delta\mu - Jh(x^*)^T\Delta\lambda\rangle \\ &= \langle \Delta x, J_xL(x^*, \mu^*, \lambda^*)\Delta x\rangle + \langle\Delta\mu, \Im g(x^*)^T\Delta x\rangle - \langle\Delta\lambda, Jh(x^*)^T\Delta x\rangle \\ &= \langle \Delta x, J_xL(x^*, \mu^*, \lambda^*)\Delta x\rangle - \langle\Delta\lambda, Jh(x^*)^T\Delta x\rangle\end{aligned} \quad (3-62)$$

由式（3－55）的最后一行可得：

$$Jh(x^*)\Delta x = V(0, Jh(x^*)\Delta x - \Delta\lambda)$$

再结合命题3.4，有

$$\langle -\Delta\lambda, Jh(x^*)\Delta x\rangle \geqslant K(x^*, \lambda^*, Jh(x^*)\Delta x)$$

注意到

$$\langle \Delta x, H(x^*, \lambda^*)\Delta x\rangle = K(x^*, \lambda^*, Jh(x^*)\Delta x)$$

可由式（3－62）得出

$$\langle \Delta x, J_xL(x^*, \mu^*, \lambda^*)\Delta x\rangle + \langle \Delta x, H(x^*, \lambda^*)\Delta x\rangle \leqslant 0 \quad (3-63)$$

再结合式（3－42），可得出 $\Delta x=0$，同时式（3－55）简化为：

$$\begin{pmatrix} \Im g\ (x^*)^T\Delta\mu - Jh\ (x^*)^T\Delta\lambda \\ V(0,\ \Delta\lambda) \end{pmatrix}=0 \tag{3-64}$$

对于 $V\in\partial\Phi(0,\ h(x^*)-\lambda^*)$，我们做以下分析。因为 $(x^{*,v},\ u^{*,v},\ \lambda^{*,v})$ 是式(3－1)的一个 Karush－Kuhn－Tucker 点，那么有 $\kappa_{m_v}\epsilon h^v(x^{*,v})\perp-\lambda_v^*\in\kappa_{m_v}$。由命题 3.1 可以得出：

（1）如果 $v\in I^*$，则 $h^v(x^{*,v})-\lambda_v^*\in\text{int}\kappa_{m_v}$。由式（3－12）和式（3－13）可得 V^v 是非奇异的，那么 $\Delta\lambda^v=0$。

（2）如果 $v\in B^*$，则有 $h^v(x^{*,v})-\lambda_v^*\in\text{int}\kappa_{m_v}$ 或者 $\lambda_v^*=0$，即 $h^v(x^{*,v})-\lambda_v^*\in\text{bd}\kappa_{m_v}$。由式（3－12）、式（3－13）和式（3－14）可知 V^v 是非奇异的，那么 $\Delta\lambda^v=0$。

概括以上，有

$$\Delta\lambda^v=0,\ v\in I^*\cup B^* \tag{3-65}$$

此外，由 GNEP 的约束非退化条件式（3－37）可知，存在向量 $d\in\Re^n$ 使

$$\Im g(x^*)d=\Delta\mu,\ Jh^v\ (x^{*,v})^Td^v=-\Delta\lambda_v,\ v\in Z^* \tag{3-66}$$

这样，由式（3－64）和式（3－66）得出：

$$\begin{aligned}
&\langle\Delta\mu,\Delta\mu\rangle+\langle\Delta\lambda,\Delta\lambda\rangle\\
&=\langle\Delta\mu,\Delta\mu\rangle+\sum_{v\in Z^*}\langle\Delta\lambda,\Delta\lambda\rangle\\
&=\langle\Delta\mu,\Im g(x^*)d\rangle-\sum_{v\in Z^*}\langle\Delta\lambda_v,Jh^v(x^{*,v})d\rangle\\
&=\langle d,\Im g\ (x^*)^T\Delta\mu-\sum_{v\in Z^*}Jh^v\ (x^{*,v})^T\Delta\lambda_v\rangle\\
&=\langle d,\Im g\ (x^*)^T\Delta\mu-Jh^v\ (x^{*,v})^T\Delta\lambda\rangle\\
&=0
\end{aligned}$$

那么

$$\Delta\mu = 0,\ \Delta\lambda_v = 0,\ v \in Z^* \tag{3-67}$$

结合式（3－67）和 $\Delta\varepsilon = 0$、$\Delta x = 0$ 以及式（3－65），我们可知 W 非奇异。证明完毕。

定理 3.2：设 $x^* = (x^{*,1}, \cdots, x^{*,N})$，$\mu^* = (\mu_1^*, \cdots, \mu_N^*)$，$\lambda^* = (\lambda_1^*, \cdots, \lambda_N^*)$，点$(x^{*,v}, u_v^*, \lambda_v^*)$是式(3－1)的 Karush－Kuhn－Tucker 点。如果 GNEP 约束非退化条件式(3－37)和拟强二阶优化条件在点 x^* 处成立，那么 $\partial F(x^*, \mu^*, \lambda^*)$中任一元素非奇异。

证明：对于任意 $\widetilde{W} \in \partial F(x^*, \mu^*, \lambda^*)$，设

$$\widetilde{W}(\Delta x, \Delta\mu, \Delta\lambda) = \begin{pmatrix} J_x L(x^*, \mu^*, \lambda^*)\Delta x + \Im g(x^*)^T \Delta\mu - Jh(x^*)^T \Delta\lambda \\ -Jg(x^*)\Delta x \\ -Jh(x^*)\Delta x + \widetilde{V}(Jh(x^*)\Delta x - \Delta\lambda) \end{pmatrix} \tag{3-68}$$

其中，$\widetilde{V} \in \partial \prod_{\kappa}(h(x^*) - \lambda^*)$，$\Im g(x^*) = \mathrm{diag}\,(J_{x^v} g(x^*))_{v=1}^N$，$h(x) = (h^1(x^1), \cdots, h^N(x^N))^T$。由命题 3.1 可知，存在 $V \in \partial\Phi(0, h(x^*) - \lambda^*)$使

$$\begin{aligned} V(0, Jh(x^*)\Delta x - \Delta\lambda) &= \sum_{i=1}^{p} \alpha_i V_i(0, Jh(x^*)\Delta x - \Delta\lambda) \\ &= \sum_{i=1}^{p} \alpha_i \widetilde{V}_i(Jh(x^*)\Delta x - \Delta\lambda) \\ &= \widetilde{V}_i(Jh(x^*)\Delta x - \Delta\lambda) \end{aligned}$$

这里，$\sum_{i=1}^{p} \alpha_i = 1, \alpha_i \geq 0, V \in \partial\Phi(0, h(x^*) - \lambda^*), \widetilde{V}_i \in$

$\partial_B \prod_{\kappa}(h(x^*)-\lambda^*)$。显然

$$\begin{pmatrix} 0 \\ \widetilde{W}(\Delta x,\ \Delta\mu,\ \Delta\lambda) \end{pmatrix} = \begin{pmatrix} 0 \\ J_x L(x^*,\ \mu^*,\ \lambda^*)\Delta x + \Im g(x^*)^*\Delta\mu - Jh(x^*)^*\Delta\lambda \\ -Jg(x^*)\Delta x \\ -Jh(x^*)\Delta x + \widetilde{V}(Jh(x^*)\Delta x - \Delta\lambda) \end{pmatrix}$$

$$= W(0,\ \Delta x,\ \Delta\mu,\ \Delta\lambda) \tag{3-69}$$

这里，$W \in \partial E(0,\ x^*,\ \mu^*,\ \lambda^*)$如式（3-55）定义。

由定理3.1可知，在GNEP的约束非退化条件和拟强二阶优化条件下，只有当$\Delta x = 0$、$\Delta\lambda = 0$以及$\Delta\mu = 0$时$\widetilde{W}(\Delta x,\ \Delta\mu,\ \Delta\lambda) = 0$。由此可知$\widetilde{W}$非奇异。

3.4 光滑牛顿法和收敛性定理

本小节我们用光滑牛顿法来求解方程$F(x,\ \mu,\ \lambda) = 0$。令$\varphi(\varepsilon,\ z) = \| E(\varepsilon,\ z) \|^2$，其中$z = (x,\ \mu,\ \lambda)$。令$\bar{\varepsilon} > 0$，$r \in (0,\ 1)$满足$r\bar{\varepsilon} < 1$。定义$\theta(\varepsilon,\ z) = r\min\{1,\ \varphi(\varepsilon,\ z)\}$。这个方法与Sun J等（2014）求解半定优化问题的平方光滑牛顿法方法类似。

算法3.1：光滑牛顿法。

步骤0 选择常数$\delta > 0$，$\sigma \in (0,\ 1/2)$。令$\varepsilon_0 = \bar{\varepsilon}$，给定初始点$z_0 \in \Re^n \times \Re^l \times \Re^m$。置$k = 0$。

步骤1 若$E(\varepsilon_k, z^k)=0$，则停止。否则，令$\theta_k:=\theta(\varepsilon_k, z^k)$。

步骤2 按

$$E(\varepsilon_k, z^k)+JE(\varepsilon_k, z^k)(\Delta\varepsilon_k, \Delta z^k)=\theta_k\begin{pmatrix}\bar{\varepsilon}\\0\end{pmatrix} \tag{3-70}$$

计算$(\Delta\varepsilon_k, \Delta z^k)$。

步骤3 设l_k是满足

$$\varphi(\varepsilon_k+\delta^l\Delta\varepsilon_k, z^k+\delta^l\Delta z^k)\leqslant(1-2\sigma(1-r\bar{\varepsilon})\delta^l)\varphi(\varepsilon_k, z^k) \tag{3-71}$$

的最小的l。置$(\varepsilon_k, z^{k+1})=(\varepsilon_k+\delta^l\Delta\varepsilon_k, z^k+\delta^l\Delta z^k)$。

步骤4 置k为$k+1$，转步骤1。

定理3.3将给出光滑牛顿法的二阶收敛性，证明类似于Q_i L等（2000）中定理δ的向量的情形。

定理3.3： 假设$(0, z^*)$是算法3.1产生的无穷点列$\{(\varepsilon_k, z^k)\}$的聚点，且$JE(0, z^*)$非奇异，那么$(0, z^*)$是$E(\varepsilon, z)=0$的解。如果GNEP的约束非退化性条件和拟强二阶最优性条件式(3-42)在点$z^*=(x^*, u^*, \lambda^*)$处成立，则$\{(\varepsilon_k, z^k)\}$收敛到$(0, z^*)$，且

$$\|(\varepsilon_k, z^{k+1})-(0, z^*)\|=o(\|(\varepsilon_k, z^k)-(0, z^*)\|^2) \tag{3-72}$$

和

$$\varepsilon_{k+1}=o(\varepsilon_k^2) \tag{3-73}$$

3.5　应用背景

这一节我们讨论实际应用中的两种常见情形。第一种情况中，拟强二阶最优性条件等价于参与者个人的强二阶最优性条件；第二种情况是共同约束的情形。

（1）效用函数可分的情况。

在生产函数中，效用函数可分是一种常见的假设。例如，CES 生产函数，特别包括了 Cobb – Douglas 函数，它们都描述了一种可加可分的生产关系。以下关于强可分的定义引自 Henderson J M (1980)。

定义 3.6：（强可分）效用函数 U 称为强可分的，如果可以写为

$$U = F\left[\sum_{i=1}^{n} f_i(q_i)\right] \tag{3-74}$$

这里，F 和 f_i 都是增函数，例如，$U = \ln(q_1^{\alpha} + q_2^{\beta} + q_3^{\gamma})$ 是一个强可分函数。此外 U 称为强可加，若

$$U = \sum_{i=1}^{n} f_i(q_i) \tag{3-75}$$

这里，f_i 是一个增函数。可加是可分的一种特殊情况，例如，$U = q_1^{\alpha} + q_2^{\beta} + q_3^{\gamma}$ 是一个强可加函数。

如果一个效用函数能通过单调函数表达成可加的形式，那么这个效用函数可视为可加的，此时所有适用于可加函数的法则都成立。以下关于可加函数的命题可以直接验证。

命题 3.5：设 U 是一个可加函数，且

$$U = \sum_{i=1}^{n} f_i(q_i) \tag{3-76}$$

显然，

$$\frac{\partial^2 U}{\partial q_i \partial q_j} = 0, \quad \forall i \neq j$$

对于一个效用函数可分的二阶锥约束广义纳什均衡问题，我们将式（3－76）写为：

$$\begin{aligned} &\min_{x^v} \quad \theta_v(x) = F\left(\sum_{i=1}^{N} \theta_v^i(x^i)\right) \\ &\text{s. t.} \quad \begin{cases} g^v(x) = 0 \\ h^v(x^v) \in \boldsymbol{\kappa}_{m_v} \end{cases} \end{aligned} \tag{3-77}$$

其中，F 是一个增函数。显然式（3－76）等价于

$$\begin{aligned} &\min_{x^v} \quad \sum_{i=1}^{N} \theta_v^i(x^i) \\ &\text{s. t.} \quad \begin{cases} g^v(x) = 0 \\ h^v(x^v) \in \boldsymbol{\kappa}_{m_v} \end{cases} \end{aligned} \tag{3-78}$$

在这种情况下，等式 $L(x, \mu, \lambda) = \mathrm{diag}(\nabla_{x^v}\theta_v(x^v, \mu_v, \lambda_v))_{v=1}^{N}$ 成立，拟强二阶最优性条件等价于 PSSOSC。

（2）共同约束相同乘子的情况。

在应用中，所有参与者共用同一约束的情况也很常见，见 Mckenzie L W（1959）。通常，在这种情况下每个参与者除自身变量约束 h^v 外还用联合约束 $g(x)=0$（或 $g(x)\leqslant 0$）表示有限的共享资源，如光缆容量或者电力运输管道容量等。

对于式（3－32），不难验证若参与者共用一个约束集，那么 $\partial E(\varepsilon, x, \mu, \lambda)$ 中的元素定是奇异的，所以我们采用另一种方法来求解此问题。已知第 v 个参与者的可行集是

$$X_v(x^{-v})=\{x^v\in\Re^{n_v}: g(x)=0, h^v(x^v)\in\boldsymbol{\kappa}_{m_v}\} \tag{3-79}$$

对于给定的 x^{-v}，第 v 个参与者的 Karush－Kuhn－Tucker 条件为

$$\begin{aligned}&\nabla_{x^v}\theta_v(x^v, x^{-v})+\nabla_{x^v}g(x^v, x^{-v})\mu_v+\nabla h^v(x^v)\lambda_v=0\\&g(x^v, x^{-v})=0\\&\boldsymbol{\kappa}_{m_v}\ni-\lambda_v\perp h^v(x^v)\in\boldsymbol{\kappa}_{m_v}\end{aligned} \tag{3-80}$$

设 $(x^*, \mu_1^*, \cdots, \mu_N^*, \lambda_1^*, \cdots, \lambda_N^*)$ 是式（3－79）的解，如果对于每个子问题，约束 $g(x)=0$ 有共同的乘子 μ^*，也即 $\mu_1^*=\cdots=\mu_N^*=\mu^*$，那么 $(x^*, \mu^*, \lambda_1^*, \cdots, \lambda_N^*)$ 是

$$\begin{aligned}&L(x^*, \mu^*, \lambda^*)=0\\&g(x^*)=0\\&\boldsymbol{\kappa}\ni-\lambda^*\perp h(x^*)\in\boldsymbol{\kappa}\end{aligned} \tag{3-81}$$

的解。显然，这也是变分不等式 VI(X, F) 的 Karush－Kuhn－Tucker 条件，其中

$$X=\{x\in\Re^n: g(x)=0, h^v(x^v)\in\boldsymbol{\kappa}_{m_v}, v=1, \cdots, N\} \tag{3-82}$$

$$F(x)=(\nabla_{x^v}\theta_v(x))_{v=1}^N \tag{3-83}$$

当 X 非空紧致时，此共用乘子存在。式（3－81）的光滑化系统写为：

$$E_{VI}(\varepsilon, x, \mu, \lambda)=\begin{pmatrix}\varepsilon\\ L(x, \mu, \lambda)\\ g(x)\\ h(x)-\Phi(\varepsilon, h(x)-\lambda)\end{pmatrix}=0 \qquad (3-84)$$

这样，对 $E_{VI}(\varepsilon, x, \mu, \lambda)$ 我们可以用光滑牛顿法求解，这种解在实际应用中有重要的意义。我们应当指出，对共同约束取相同的乘子，得到的解只是问题的一个特殊解，下面用一个例子来说明这种情况。

$$\min_x \quad (x-a)^T\begin{pmatrix}0&0\\0&1\end{pmatrix}(x-a) \qquad \min_y \quad (y-c)^T\begin{pmatrix}0&0\\0&1\end{pmatrix}(y-c)$$

$$\text{s. t.} \quad \begin{cases}a^T(x+y)\leqslant 1\\ x\in\kappa_2\end{cases} \qquad \text{s. t.} \quad \begin{cases}a^T(x+y)\leqslant 1\\ y\in\kappa_2\end{cases} \qquad (3-85)$$

这里，$a=(0, 1)^T$，$c=(0, 1/2)^T$。设 $x=(x_0, x_1)^T$，$y=(y_0, y_1)^T$，两个参与者的最优解集为：

$$S(y)=\begin{cases}\{(y_0, 1): y_0\geqslant 1\}, & 若\ y_1<0\\ \{(y_0, 1-y_1): y_0\geqslant |1-y_1|\} & 若\ y_1\geqslant 0\end{cases}$$

$$S(x)=\begin{cases}\{(x_0, 1/2): x_0\geqslant 1/2\}, & 若\ x_1<1/2\\ \{(x_0, 1-x_1): x_0\geqslant |1-x_1|\} & 若\ x_1\geqslant 1/2\end{cases} \qquad (3-86)$$

不难看出，这个问题有无数个解 $x=(x_0, \alpha)$，$y=(y_0, 1-\alpha)^T$，

其中 $x_0 \geqslant |\alpha|$，$y_0 \geqslant |1-\alpha|$，$\alpha \in [1/2, 1]$。而对于前面的求解方法，由于线性无关约束规范在解处成立，那么将存在唯一的乘子。第一个参与者对应 $\lambda_1(\alpha)$，$\lambda_2(\alpha)$。第二个参与者对应 $\mu_1(\alpha)$，$\mu_2(\alpha)$。这些乘子与解 $x=(x_0, \alpha)^T$ 和 $y=(y_0, 1-\alpha)^T$ 共同满足 Karush－Kuhn－Tucker 条件。

3.6　数值实验结果

在这一节我们应用算法 3.1 来求解以下算例并给出计算结果。该数值实验运行于 PC Pentium（R）Ⅳ2.80 GHz CPU 处理器。使用计算软件为 Matlab R2009a。

在下面数值实验中，我们选择初值 x_0 为 0，停止准则为 Tol. $=10^{-6}$。算法中其他参数为 $r=0.005$，$\sigma=0.25$，$\delta=0.8$。例 3.1 和例 3.2 的数值结果各自在表 3－1 和表 3－2 给出。其中，$\bar{\varepsilon}$，Ite. 和 Res. 分别表示初始光滑参数 $\bar{\varepsilon}$，循环次数和 φ（·）最后的余量。

表 3-1 普通约束情况

			两个参与者			三个参与者		
$\bar{\varepsilon}$	m	n	Ite.	Res.	CPU	Ite.	Res.	CPU
10^{-4}	30	50	4	5. 181502e-011	0. 20s	4	9. 505192e-013	0. 26s
10^{-4}	30	100	3	3. 834257e-011	0. 63s	3	9. 281051e-011	0. 94s
10^{-4}	100	500	3	2. 640448e-010	1m14. 57s	3	3. 768228e-008	1m. 31. 12s
10^{-4}	100	1000	2	8. 495148e-009	8m8. 04s	3	2. 504158e-010	9m0. 42s
10^{-6}	30	50	2	5. 590186e-008	0. 07s	2	5. 863075e-008	0. 09s
10^{-6}	30	100	2	6. 123722e-008	0. 31s	2	6. 373770e-008	0. 49s
10^{-6}	100	500	2	6. 123643e-008	37. 34s	2	6. 373976e-008	47. 55s
10^{-6}	100	1000	2	6. 123690e-008	4m4. 14s	2	6. 614355e-008	4m28. 58s
10^{-12}	30	50	2	1. 475603e-013	0. 07s	2	1. 585537e-013	0. 09s
10^{-12}	30	100	2	6. 673979e-013	0. 32s	2	4. 474600e-012	0. 48s
10^{-12}	100	500	2	2. 897432e-011	37. 17s	2	9. 845199e-011	47. 01s
10^{-12}	100	1000	2	1. 611785e-010	4m5. 23s	2	3. 399287e-010	4m29. 61s

例 3.1 考虑如下普通约束情况：

$$\min_{x^v} \quad x^T C_v x$$

$$\text{s. t.} \quad \begin{cases} b_v^T x = 0 \\ A_v x_v + d_v \in \kappa_{n_v+1} \end{cases}$$

这里，$v=1, \cdots, N$；C_v，b_v，A_v 和 d_v 分别是 $n \times n$ 对称矩阵，$n \times m$矩阵，随机 $n_v \times n_v$ 实阵和 $n_v \times 1$ 向量，均系随机产生。

例 3.2 考虑如下联合约束共用的情况：

$$\min_{x^v} \quad x^T C_v x$$

$$\text{s. t.} \quad \begin{cases} b^T x = 0 \\ A_v x_v + d_v \in \kappa_{n_v+1} \end{cases}$$

这里，$v=1$，…，N；C_v，b，A_v 和 d_v 分别是 $n\times n$ 对称矩阵，$n\times m$ 矩阵，随机 $n_v\times n_v$ 实阵和 $n_v\times 1$ 向量，均系随机产生。

表 3－2　共同约束情况

			两个参与者			三个参与者		
$\bar{\varepsilon}$	m	n	Ite.	Res.	CPU	Ite.	Res.	CPU
10^{-4}	30	50	3	1.519088e－012	0.10s	3	1.103265e－011	0.10s
10^{-4}	30	100	3	8.299709e－012	0.42s	3	7.766081e－011	0.46s
10^{-4}	100	500	3	2.109412e－010	58.40s	3	2.251418e－009	58.56s
10^{-4}	100	1000	3	1.703759e－009	6m45.84s	3	2.755804e－009	6m48.19 s
10^{-6}	30	50	2	6.123722e－008	0.05s	2	6.614375e－008	0.05s
10^{-6}	30	100	2	6.123723e－008	0.22s	2	6.614378e－008	0.23s
10^{-6}	100	500	2	6.123703e－008	28.82s	2	6.614387e－008	28.65s
10^{-6}	100	1000	2	6.125493e－008	3m25.24s	2	6.614426e－008	3m22.60s
10^{-12}	30	50	2	1.472282e－013	0.04s	2	2.775608e－013	0.05s
10^{-12}	30	100	2	5.678933e－012	0.23s	2	1.223089e－012	0.23s
10^{-12}	100	500	2	1.624841e－010	28.79s	2	2.507687e－011	28.95s
10^{-12}	100	1000	2	4.607908e－010	3m40.34s	2	2.155408e－010	3m21.70s

以上数值结果表明，光滑牛顿法可以用来求解二阶锥约束的广义纳什均衡问题。从表 3－1 和表 3－2 可以看出，采取这种光滑化的牛顿法，初始的 $\bar{\varepsilon}$ 在速度和精度上严重影响着计算效率。总体来看，参数 $\bar{\varepsilon}$ 越小循环次数越少，计算结果的精度也越高。

3.7　本章小结

二阶锥约束的广义纳什均衡问题求解比一般不等式约束的广

义纳什均衡问题更为复杂。本章针对问题的特点建立相应等式，并采用光滑牛顿法进行求解。首先引入光滑化的投影算子，将二阶锥约束广义纳什均衡问题的 Karush – Kuhn – Tucker 系统转化为一个光滑等式系统。其次在广义纳什均衡问题的约束非退化性条件和拟强二阶最优性条件下证明了解点处等式系统 Clarke 广义微分的非奇异性，并应用光滑牛顿法求解。最后的数值实验证明了其有效性，并在公共约束的情况下求解了问题的正则均衡点。

4 随机广义纳什均衡问题的惩罚方法

目前关于随机纳什均衡问题的求解已有一些相关研究，如 Ravat U 等（2010），但是对于随机广义纳什均衡问题鲜有研究，本章研究了求解一类随机广义纳什均衡问题的惩罚函数方法。在此类问题中，第 v 个参与者的模型如下：

$$\min_{x^v} \quad E[\theta_v(x, \xi_v)]$$

$$\text{s. t.} \quad \begin{cases} E[g^v(x, \xi_v)] \leqslant 0 \\ h^v(x^v) \leqslant 0 \end{cases} \tag{4-1}$$

这里，对几乎所有的 $\xi_v \in \Xi_v \subseteq R^{s^v}$，我们假设函数 θ_v：$\Re^n \times \Re^{s^v} \rightarrow \Re$，$g^v$：$\Re^n \times \Re^{s^v} \rightarrow \Re^{l^v}$和 h^v：$\Re^{n_v} \rightarrow \Re^{m^v}$关于 x 二阶连续可微。随机函数 $\theta_v(x, \xi_v)$ 和 $g^v(x, \xi_v)$ 可测且关于 ξ_v 连续。独立随机变量 ξ_v：$\Omega \rightarrow \Re^{s^v}$定义在空间（$\Omega$，$F$，$P$）上，这里我们用 E 表示数学期望。

本章首先引入惩罚函数构造出原问题的惩罚模型，之后对于惩罚模型引入 SAA 方法。对于惩罚参数固定的惩罚模型，证明了当样本容量趋于无穷时惩罚模型的 Karush – Kuhn – Tucker 点以概率一指数收敛到真问题惩罚模型的 Karush - Kuhn - Tucker 点。其次给出 SAA 模型 Karush - Kuhn - Tucker 系统广义 Clarke 微分非奇异性成立的条件，并引入光滑牛顿法求解。最后给出算例，说明这种方法可以较为有效地求解随机广义纳什均衡问题。

4.1 惩罚模型及其 SAA 方法

不失一般性，对于随机规划：

$$\min_{x\in X}\{f(x):=E_p[F(x,\xi)]\} \tag{4-2}$$

这里 X 是 $\Re^n$ 的非空闭子集，ξ 是服从 $\Xi\subset\Re^k$ 上分布 P 的随机向量。F：$X\times\Xi\rightarrow\Re$ 关于 x 连续二次可微，关于 ξ 连续和可测。假设 ξ^1，…，ξ^I 是随机变量 ξ 的 I 个独立分布样本。这些随机样本可以看作 ξ 的 I 个历史观察数据，也可以用 Monte Carlo 方法产生。对于任意 $x\in X$，我们可以取 $F(x,\xi^i)$（$i=1$，…，I）的平均值来估计 $f(x)$ 的期望。这就是应用广泛的样本平均方法（Sample Average Approximation），SAA：

$$\min_{x\in X}\left\{\hat{f}_I(x):=\frac{1}{I}\sum_{i=1}^{I}F(x,\xi^i)\right\} \tag{4-3}$$

本节给出随机广义纳什均衡问题的惩罚模型并引入 SAA 方法对惩罚模型进行求解。证明了当样本容量趋于无穷时，惩罚 SAA 模型的 Karush - Kuhn - Tucker 点以概率一指数收敛到真问题惩罚模型的 Karush - Kuhn - Tucker 点。

4.1.1 惩罚模型的构造及 SAA 方法的引入

为简单起见，我们记：

$$\overline{\theta}_v(x) = E[\theta_v(x, \xi_v)], \quad \overline{g}^v(x) = E[g^v(x, \xi_v)] \tag{4-4}$$

显然，式（3 - 1）等价为：

$$\begin{aligned} &\min_{x^v} \quad \overline{\theta}^v(x) \\ &\text{s. t.} \quad \begin{cases} \overline{g}^v(x) + y^v = 0 \\ h^v(x^v) \leqslant 0 \\ y^v \geqslant 0 \end{cases} \end{aligned} \tag{4-5}$$

对其惩罚化，得到：

$$\begin{aligned} &\min_{x^v} \quad \overline{f}_c^v(x, y^v) := \overline{\theta}^v(x) + \frac{c}{2}\left(\sum_{v=1}^{N} \| \overline{g}^v(x) + y^v \|^2\right) \\ &\text{s. t.} \quad \begin{cases} h^v(x^v) \leqslant 0 \\ y^v \geqslant 0 \end{cases} \end{aligned} \tag{4-6}$$

式（4 - 6）的拉格朗日表达式为：

$$L^v(x, y, \mu^v, \lambda^v) = \overline{\theta}^v(x) + \frac{c}{2}\left(\sum_{v=1}^{N} \| \overline{g}^v(x) + y^v \|^2\right) + \mu^{vT} h^v(x^v) - \lambda^{vT} y^v \tag{4-7}$$

假设 4.1：对于 $v=1, \cdots, N$，设 $x^{-v} = x^{*,-v}$，$x^{*,v}$是第 v 个参与者的解。函数 $\overline{\theta}^v(x)$，$\overline{g}^v(x)$ 和 $h^v(x^v)$ 在点 x^* 处可微且 Robinson 约束规范在点 x^* 处成立，即

$$0 \in \operatorname{int}\left\{\begin{pmatrix} \bar{g}^v(x^*) \\ h^v(x^{*,v}) \end{pmatrix} + \begin{pmatrix} J_{x^v}\bar{g}^v(x^*) \\ Jh^v(x^{*,v}) \end{pmatrix} - \begin{pmatrix} \Re_-^{l^v} \\ \Re_-^{m^v} \end{pmatrix}\right\} \tag{4-8}$$

在假设4.1下，存在数对（μ_v^*，λ_v^*）$\in \Re^{l^v} \times \Re^{m^v}$，使 Karush - Kuhn - Tucker 系统：

$$\nabla_{x^v} L^v(x, y, \mu_v, \lambda_v) = 0 \tag{4-9}$$

$$\nabla_{y^v} L^v(x, y, \mu_v, \lambda_v) = 0 \tag{4-10}$$

$$0 \leqslant \mu_v \perp -h^v(x^v) \geqslant 0 \tag{4-11}$$

$$0 \leqslant \lambda_v \perp y^v \geqslant 0 \tag{4-12}$$

在点$(x^{*,v}, \mu_v^*, \lambda_v^*)$处成立。对其经过整理，得到等式：

$$F_v(x, y, \mu_v, \lambda_v) = \begin{pmatrix} \nabla_{x^v} L^v(x, y, \mu_v, \lambda_v) \\ \Phi_{FB}(\mu_v, -h^v(x^v)) \\ \Phi_{FB}(\bar{g}^v(x) + y^v, y^v) \end{pmatrix} = 0 \tag{4-13}$$

和光滑化形式：

$$E_v(x, y, \mu_v, \lambda_v) = \begin{pmatrix} \varepsilon \\ \nabla_{x^v} L^v(x, y, \mu_v, \lambda_v) \\ \Phi_{SFB}(\varepsilon, \mu_v, -h^v(x^v)) \\ \Phi_{SFB}(\varepsilon, \bar{g}^v(x) + y^v, y^v) \end{pmatrix} = 0 \tag{4-14}$$

综合所有 N 个参与者，相应地得到：

$$F(x, y, \mu, \lambda) = \begin{pmatrix} L(x, y, \mu, \lambda) \\ \Phi_{FB}(\mu, -h(x)) \\ \Phi_{FB}(\bar{g}(x) + y, y) \end{pmatrix} = 0 \tag{4-15}$$

和

$$E(x,\ y,\ \mu,\ \lambda)=\begin{pmatrix}\varepsilon\\ L(x,\ y,\ \mu,\ \lambda)\\ \Phi_{SFB}(\varepsilon,\ \mu,\ -h(x))\\ \Phi_{SFB}(\varepsilon,\ \bar{g}(x)+y,\ y)\end{pmatrix}=0 \qquad (4-16)$$

其中，

$$L(x,\ y,\ \mu,\ \lambda)=\begin{pmatrix}\nabla_{x^v}L^1(x,\ y,\ \mu_1,\ \lambda_1)\\ \vdots\\ \nabla_{x^v}L^N(x,\ y,\ \mu_N,\ \lambda_N)\end{pmatrix} \qquad (4-17)$$

对式（4-6），我们引入 SAA 方法得到：

$$\min_{x^v} f_v^{lc}(x,y^v):=\frac{1}{I}\sum_{i=1}^{I}\theta^v(x,\xi_v^i)+\frac{c}{2}\left(\sum_{v=1}^{N}\left\|\frac{1}{I}\sum_{i=1}^{I}g^v(x,\xi_v^i)+y^v\right\|^2\right)$$

$$\text{s. t.}\begin{cases}h^v(x^v)\leqslant 0\\ y^v\geqslant 0\end{cases} \qquad (4-18)$$

相应地，可以得到等式系统：

$$F^I(x,y,\mu,\lambda,\xi)=\begin{pmatrix}L^I(x,y,\mu,\lambda,\xi)\\ \Phi_{FB}(\mu,\ -h(x))\\ \Phi_{FB}\left(\frac{1}{I}\sum_{i=1}^{I}g(x,\xi^i)+y,y\right)\end{pmatrix}=0 \qquad (4-19)$$

和

$$E^I(\varepsilon,x,y,\mu,\lambda,\xi) = \begin{pmatrix} \varepsilon \\ L^I(x,y,\mu,\lambda,\xi) \\ \Phi_{SFB}(\varepsilon,\mu,-h(x)) \\ \Phi_{SFB}\left(\varepsilon,\frac{1}{I}\sum_{i=1}^{I} g(x,\xi^i)+y,y\right) \end{pmatrix} = 0 \tag{4-20}$$

其中，

$$L^I(x,y,\mu,\lambda,\xi) = \begin{pmatrix} \nabla_{x^1} L_I^1(x,y,\mu_1,\lambda_1,\xi_1) \\ \vdots \\ \nabla_{x^N} L_I^N(x,y,\mu_N,\lambda_N,\xi_N) \end{pmatrix} \tag{4-21}$$

这里，

$$L_I^v(x,y,\mu_v,\lambda_v,\xi_v) = \frac{1}{I}\sum_{i=1}^{I}\theta^v(x,\xi_v^i) + \frac{c}{2}$$
$$\left(\sum_{v=1}^{N}\left\|\frac{1}{I}\sum_{i=1}^{I} g^v(x,\xi_I^v) + y_I^v\right\|^2 + \mu_v^T h^v(x^v) - \lambda_v^T y^v\right) \tag{4-22}$$

$$\Phi_{SFB}(\varepsilon,\frac{1}{I}\sum_{i=1}^{I} g(x,\xi^i)+y,y) =$$
$$\begin{pmatrix} \Phi_{SFB}(\varepsilon,\frac{1}{I}\sum_{i=1}^{I} g^1(x,\xi_1^i)+y^1,y^1) \\ \vdots \\ \Phi_{SFB}(\varepsilon,\frac{1}{I}\sum_{i=1}^{I} g^N(x,\xi_N^i)+y^N,y^N) \end{pmatrix} \tag{4-23}$$

4.1.2　SAA 方法的概率一指数收敛性

本小节讨论 SAA 模型 Karush – Kuhn – Tucker 点的收敛性以及收敛速度，在一定假设下证明其以概率一成立的指数收敛性。

定理 4.1：假设

$$L^I(x, y, \mu, \lambda, \xi) = \frac{1}{I}\sum_{i=1}^{I} L(x, y, \mu, \lambda, \xi^i) \tag{4-24}$$

$$g^I(x, \xi) = \frac{1}{I}\sum_{i=1}^{I} g(x, \xi^i) \tag{4-25}$$

其中，$L(x, y, \mu, \lambda, \xi)$ 和 $g(x, \xi)$ 各由可积函数控制，SAA 方法中的样本为独立同分布（$i.i.d$）。设（x^I, y^I, μ^I）是式（4 – 19）的解。那么（x^I, y^I, μ^I）的任何聚点是式（4 – 15）的解 $w.p.1$，$I \to \infty$。

证明：假设（x^I, y^I, μ^I）→（$\bar{x}$, $\bar{y}$, $\bar{\mu}$）$w.p.1$。由大数定律可知，在（$\bar{x}$, $\bar{y}$, $\bar{\mu}$）的闭有界邻域上

$$L^I(\cdot) \to L(\cdot) \quad w.p.1 \tag{4-26}$$

$$\frac{1}{I}\sum_{i=1}^{I} g(\cdot, \xi^i) \to \bar{g}(\cdot) \quad w.p.1 \tag{4-27}$$

因为 Fischer – Burmeister 函数 $\Phi_{FB}(\cdot, \cdot)$ Lipschitz 连续，见 Facchinei F（2013），那么在（$\bar{x}$, $\bar{y}$, $\bar{\mu}$）相同的邻域内一致有：

$$F^I(\cdot) \to F(\cdot), \quad w.p.1 \tag{4-28}$$

由 Rockafellar R T 等（1998）中定理 7.14 可得 $F^I(\cdot)$ 连续收敛到 $F(\cdot)$，即：

$$\lim_{I \to \infty} F^I(x^I, y^I, \mu^I) = F(\bar{x}, \bar{y}, \bar{\mu}), \quad w.p.1 \tag{4-29}$$

也即（$\bar{x}$，$\bar{y}$，$\bar{\mu}$）$w.p.1$ 是式（4－15）的解。证毕。

类似地，我们也可以给出定理4.2。

定理4.2：设 L^I（x，y，μ，λ，ξ）和 g^I（x，ξ）如定理4.1给出且定理4.1的条件成立。设（0，x^I，y^I，μ^I）是SAA模型的光滑等式（4－20）的解，那么 $\{(0, x^I, y^I, \mu^I)\}$ 的任意聚点是真问题光滑等式（4－16）的解，$w.p.1$，$I\to\infty$。

假设4.2：设

$$X_v(x^{-v}) := \{x^v \in \Re^{n_v}: E[g^v(x, \xi_v)] \leqslant 0,\ h^v(x^v) \leqslant 0\} \tag{4-30}$$

且

$$p = \sum_{v=1}^{N} n_v + \sum_{v=1}^{N} l_v + \sum_{v=1}^{N} n_v l^v \tag{4-31}$$

记函数集

$\{(\nabla_{x^v}\theta_v(x, \xi_v))_i,\ g_j^v(x, \xi_v),\ (\nabla_{x^v}g_j(x, \xi_v))_i,\ i=1, \cdots, n_v,\ j=1, \cdots, l^v,\ v=1, \cdots, N\}$

为 $\{v_1(x, \xi), \cdots, v_p(x, \xi)\}$。我们做出如下假设：

（1）对任意 $k=1, \cdots, p$ 和任意 $x \in X_1(x^{-1}) \times \cdots \times X_N(x^{-N})$，当 t 属于0的邻域时，矩母函数

$$M_x(t) := E[e^{t(v_k(x,\xi) - E[v_k(x,\xi)])}] \tag{4-32}$$

是有限值函数。

（2）对任意 $k=1, \cdots, p$，存在（可测）函数 $\kappa_3: \Re^s \to \Re_+$ 和 $\gamma>0$ 使对所有相关的 ξ 和 x'，$x \in X_1(x^{-1}) \times \cdots \times X_N(x^{-N})$，不等式

$$|v_k(x', \xi) - v_k(x, \xi)| \leqslant \kappa_3(\xi)\, \| x' - x \|^{\gamma} \tag{4-33}$$

成立。

（3）可测函数 κ_3（ξ）的矩母函数

$$M_{\kappa_3}(t):=E[e^{t\kappa_3(\xi)}] \tag{4-34}$$

对所有零邻域中的 t 有限。

引理 4.1：设 $v(x,\xi)=(v_1(x,\xi),\cdots,v_p(x,\xi))^T$。设假定 4.2 成立并且 $X=X_1(x^{-1})\times\cdots\times X_N(x^{-N})$ 紧致。那么对于任意 $\varepsilon>0$，存在与 I 独立的正数 $C(\varepsilon)$ 和 $\beta(\varepsilon)$ 使

$$\text{Prob}\{\sup_{x\in X}\|v^I(x)-E[v(x,\xi)]\|\geq\varepsilon\}\leq pC(\varepsilon)e^{-I\beta(\varepsilon)} \tag{4-35}$$

对于足够大的 I 成立。这里，$v^I(x)=\dfrac{1}{I}\sum_{i=1}^{I}v(x,\xi^i)$ 且 $\xi^1,\cdots,\xi^I$ 是 ξ 的 $i.i.d$ 样本。

证明：由 Shapiro A 等（2009）中定理 7.65 可知，对于每个 $k\in\{1,\cdots,p\}$，存在与 I 独立的正数 C_k（ε）和 β_k（ε）使

$$\text{Prob}\{\sup_{x\in X}\|v_k^I(x)-E[v_k(x,\xi)]\|\geq\varepsilon\}\leq C_k(\varepsilon)e^{-I\beta_k(\varepsilon)} \tag{4-36}$$

这里 $v_k^I(x)$ 是向量 $v^I(x)$ 的第 k 个元素。由此我们有

$$\begin{aligned}&\text{Prob}\{\sup_{x\in X}\|v^I(x)-E[v(x,\xi)]\|^2\geq\varepsilon^2\}\\&=\text{Prob}\{\sup_{x\in X}(\sum_{k=1}^{p}|v_k^I(x)-E[v_k(x,\xi)]|^2)\geq\varepsilon^2\}\\&\leq\sum_{k=1}^{p}\text{Prob}\{\sup_{x\in X}|v_k^I(x)-E[v_k(x,\xi)]|^2\geq\varepsilon^2/p\}\\&\leq\sum_{k=1}^{p}C_k(\varepsilon/p^{\frac{1}{2}})e^{-I\beta_k(\varepsilon/p^{\frac{1}{2}})}\leq pC(\varepsilon)e^{-I\beta(\varepsilon)}\end{aligned} \tag{4-37}$$

这里

$$C(\varepsilon)=\max\{C_1(\varepsilon/p^{\frac{1}{2}}),\ \cdots,\ C_p(\varepsilon/p^{\frac{1}{2}})\} \tag{4-38}$$

$$\beta(\varepsilon)=\min\{\beta_1(\varepsilon/p^{\frac{1}{2}}),\ \cdots,\ \beta_p(\varepsilon/p^{\frac{1}{2}})\} \tag{4-39}$$

证毕。

引理4.2：设$z^I:=(x^I,\ y^I,\ \mu^I)$是SAA半光滑等式(4－19)的解且$\bar{z}:=(\bar{x},\ \bar{y},\ \bar{\mu})$是$\{z^I\}$的一个聚点。如果假设4.2成立，那么对于任意$\varepsilon>0$，存在与$I$独立的正数$\delta>0$，$\hat{C}(\varepsilon)$和$\hat{\beta}(\varepsilon)$使

$$\text{Prob}\{\sup_{z\in B_\delta(\bar{z})}\|F^I(z)-F(z)\|\geqslant\varepsilon\}\leqslant\hat{C}(\varepsilon)e^{-I\hat{\beta}(\varepsilon)} \tag{4-40}$$

对于足够大的I成立。

证明：将$\|F^I(z)-F(z)\|^2$写成式（4－41）：

$$\|F^I(z)-F(z)\|^2$$

$$=\left\|\begin{pmatrix}\Im\theta^I(x)^T+\Im g^I(x)^T\mu+Jh(x)^T\lambda\\ \Phi_{FB}(\mu,\ g^I(x))\\ \Phi_{FB}(\lambda,\ -h(x))\end{pmatrix}-\begin{pmatrix}\Im\bar{\theta}(x)^T+\Im\bar{g}(x)^T\mu+Jh(x)^T\lambda\\ \Phi_{FB}(\mu,\ -\bar{g}(x))\\ \Phi_{FB}(\lambda,\ -h(x))\end{pmatrix}\right\|^2$$

$$=\left\|\begin{pmatrix}(\Im\theta^I(x)^T-\Im\bar{\theta}(x)^T)+(\Im g^I(x)^T-\Im\bar{g}(x)^T)\mu\\ \Phi_{FB}(\mu,\ -g^I(x))-\Phi_{FB}(\mu,\ -\bar{g}(x))\\ 0\end{pmatrix}\right\|^2$$

$$=\|(\Im\theta^I(x)^T-\Im\bar{\theta}(x)^T)+(\Im g^I(x)^T-\Im\bar{g}(x)^T)\mu\|^2+\|\Phi_{FB}(\mu,-g^I(x))-\Phi_{FB}(\mu,\ -\bar{g}(x))\|^2$$

$$=\|(\Im\theta^I(x)^T-\Im\bar{\theta}(x)^T)+(\Im g^I(x)^T-\Im\bar{g}(x)^T)\mu\|^2+\|-A(g^I(x)-\bar{g}(x))\|^2 \tag{4-41}$$

其中，

$\Im g^I(x)=\mathrm{diag}(J_{x^v}g^{v,I}(x))$，$\Im\bar{g}(x)=\mathrm{diag}(J_{x^v}\bar{g}^v(x))$，$\Im\theta^I(x)=(J_{x^1}\theta^{1,I}(x),\ \cdots,\ J_{x^N}\theta^{N,I}(x))$，$\Im\bar{\theta}(x)=(J_{x^1}\bar{\theta}^1(x),\ \cdots,\ J_{x^N}\bar{\theta}^N(x))$

(4-42)

且 $A\in\partial_2\Phi_{FB}(\mu,\ -\tilde{g}(x))$（这里 $\partial_2\Phi_{FB}$ 表示对第二个变量的偏微分）满足

$$\|-A(g^I(x)-\bar{g}(x))\|=\|\Phi_{FB}(\mu,\ -g^I(x))-\Phi_{FB}(\mu,\ -\bar{g}(x))\| \tag{4-43}$$

由式（1-22）可知 $\|A\|\leqslant\sqrt{l}$。由引理4.1，不失一般性，假设

$$\mathrm{Prob}\{\sup_{x\in X}\|\Im\theta^I(x)-\Im\bar{\theta}(x)\|\geqslant\varepsilon\}\leqslant C_1(\varepsilon)e^{-I\beta_1(\varepsilon)}$$

$$\mathrm{Prob}\{\sup_{x\in X}\|\Im g^I(x)-\Im\bar{g}(x)\|\geqslant\varepsilon\}\leqslant C_2(\varepsilon)e^{-I\beta_2(\varepsilon)} \tag{4-44}$$

$$\mathrm{Prob}\{\sup_{x\in X}\|g^I(x)-\bar{g}(x)\|\geqslant\varepsilon\}\leqslant C_3(\varepsilon)e^{-I\beta_3(\varepsilon)}$$

这样就有

$$\mathrm{Prob}\{\sup_{z\in B_\delta(\bar{z})}\|F^I(z)-F(z)\|^2\geqslant\varepsilon^2\}$$

$$=\mathrm{Prob}\{\sup_{z\in B_\delta(\bar{z})}(\|(\Im\theta^I(x)^T-\Im\bar{\theta}(x)^T)+(\Im g^I(x)^T-\Im\bar{g}(x)^T)\mu\|^2+\|I_{FB}(g^I(x)-\bar{g}(x))\|^2)\geqslant\varepsilon^2\}$$

$$\leqslant\mathrm{Prob}\{\sup_{z\in B_\delta(\bar{z})}\|(\Im\theta^I(x)^T-\Im\bar{\theta}(x)^T)+(\Im g^I(x)^T-\Im\bar{g}(x)^T)\mu\|^2\geqslant\varepsilon^2/2\}$$
$$+\mathrm{Prob}\{\sup_{x\in X}\|I_{FB}(g^I(x)-\bar{g}(x))\|^2\geqslant\varepsilon^2/2\}$$

$$=\mathrm{Prob}\{\sup_{z\in B_\delta(\bar{z})}\|(\Im\theta^I(x)^T-\Im\bar{\theta}(x)^T)+(\Im g^I(x)^T-\Im\bar{g}(x)^T)\mu\|\geqslant\varepsilon/\sqrt{2}\}+\mathrm{Prob}\{\sup_{x\in X}\|I_{FB}(g^I(x)-\bar{g}(x))\|\geqslant\varepsilon/\sqrt{2}\}$$

$$\leqslant \text{Prob}\{\sup_{x\in X}\|\Im\theta^{I}(x)-\Im\bar{\theta}(x)\|\geqslant \varepsilon/2\sqrt{2}\}+\text{Prob}\{(\|\bar{\mu}\|+\delta)\sup_{x\in X}\|\Im g^{I}(x)-\Im\bar{g}(x)\|\geqslant \varepsilon/2\sqrt{2}\}+\text{Prob}\{\sup_{x\in X}\|g^{I}(x)-\bar{g}(x)\|\geqslant \varepsilon/\sqrt{2}\|I\|\}$$

$$\leqslant C_1(\varepsilon/2\sqrt{2})e^{-I\beta_1(\varepsilon/2\sqrt{2})}+C_2(\varepsilon/2\sqrt{2}(\|\bar{\mu}\|+\delta))e^{-I\beta_2(\varepsilon/2\sqrt{2}(\|\bar{\mu}\|+\delta))}+C_3(\varepsilon/\sqrt{2}\|I\|)e^{-I\beta_3(\varepsilon/\sqrt{2}\|I\|)}\leqslant \hat{C}(\varepsilon)e^{-I\hat{\beta}(\varepsilon)} \tag{4-45}$$

其中，

$$\hat{C}(\varepsilon)=\max\{3C_1(\varepsilon/2\sqrt{2}),\ 3C_2(\varepsilon/2\sqrt{2}(\|\bar{\mu}\|+\delta)),\ 3C_3(\varepsilon/2\sqrt{2}\|I\|)\} \tag{4-46}$$

$$\hat{\beta}(\varepsilon)=\min\{\beta_1(\varepsilon/2\sqrt{2}),\ \beta_2(\varepsilon/2\sqrt{2}(\|\bar{\mu}\|+\delta)),\ \beta_3(\varepsilon/\sqrt{2}\|I\|)\} \tag{4-47}$$

证毕。

以下我们给出关于收敛速度的结果。如果 $\{(x^I,\mu^I,\lambda^I)\}$ 收敛到 $(\bar{x},\bar{\mu},\bar{\lambda})$，那么在一定条件下指数收敛。

定理4.3： 设定理4.1 中条件成立且假设4.1 和假设4.2 成立。设 $F(x,y,\mu)$ 在点 $(\bar{x},\bar{y},\bar{\mu})$ 半光滑且 $\partial F(\bar{x},\bar{y},\bar{\mu})$ 中任意元素非奇异，那么对于任意 $\varepsilon>0$，存在与 I_k 独立的正数 $\tilde{C}(\varepsilon)$ 和 $\tilde{\beta}(\varepsilon)$ 使

$$\text{Prob}\{\|z^{I_k}-\bar{z}\|\geqslant\varepsilon\}\leqslant\tilde{C}(\varepsilon)e^{-I_k\tilde{\beta}(\varepsilon)} \tag{4-48}$$

这里，$z^{I_k}=(x^{I_k},y^{I_k},\mu^{I_k})$ 是 $z^I=(x^I,y^I,\mu^I)$ 的子列且 $\bar{z}=(\bar{x},\bar{y},\bar{\mu})$。

证明： 由 Facchinei F 等（2003）中引理 4.2.1 可知，存在一

个 $\bar{z}$ 的开邻域 B 和常数 $c>0$ 使

$$\| z-\bar{z} \| \leqslant c \| F(z) \| \tag{4-49}$$

对任意 $z \in B$ 成立。由 $\partial F(\bar{z})$ 中元素的非奇异性可知，$\bar{z}$ 是 $F(z)$ 的一个独立解，即存在 $\delta>0$ 使 $\bar{z}$ 的邻域

$$W:=\{z: \| z-\bar{z} \| \leqslant \delta\} \tag{4-50}$$

满足

$$W \cap F^{-1}(0)=\{\bar{z}\} \tag{4-51}$$

由定理4.1的证明可知，F^{I_k}在 W 上 $w.p.1$ 一致收敛于 F，即存在 $\delta' >0$ 使

$$\sup_{z \in W} \| F^{I_k}(z)-F(z) \| <\delta' \tag{4-52}$$

在 I_k 足够大时成立。由此，从式（4-51）与式（4-52）可得出

$$(F^{I_k})^{-1}(0) \cap \operatorname{int}(W) \neq \varphi \tag{4-53}$$

令 z^{I_k}满足

$$z^{I_k} \in (F^{I_k})^{-1}(0) \cap \operatorname{int}(W) \tag{4-54}$$

也即

$$F^{I_k}(x^{I_k}, y^{I_k}, \mu^{I_k})=0, \ (x^{I_k}, y^{I_k}, \mu^{I_k}) \in W \tag{4-55}$$

注意到

$$\| z^{I_k}-\bar{z} \| \leqslant c \| F(z^{I_k}) \| =c \| F^{I_k}(z^{I_k})-F(z^{I_k}) \| \leqslant c \sup_{z \in W} \| F^{I_k}(z)-F(z) \| \tag{4-56}$$

显然

$$\operatorname{Prob}\{ \| z^{I_k}-\bar{z} \| \geqslant \varepsilon\} \leqslant \operatorname{Prob}\{\sup_{z \in W} c \| F^{I_k}(z)-F(z) \| \geqslant \varepsilon\} \tag{4-57}$$

由引理4.2可得出

$$\text{Prob}\{\sup_{z\in W} c\, \|F^{I_k}(z)-F(z)\| \geqslant \varepsilon/c\} \leqslant \hat{C}(\varepsilon/c)e^{-I_k\hat{\beta}(\varepsilon/c)} \tag{4-58}$$

令 $\widetilde{C}(\varepsilon)=\hat{C}(\varepsilon/c)$，$\widetilde{\beta}(\varepsilon)=\hat{\beta}(\varepsilon/c)$，有

$$\text{Prob}\{\|z^{I_k}-\bar{z}\| \geqslant \varepsilon\} \leqslant \widetilde{C}(\varepsilon)e^{-I_k\widetilde{\beta}(\varepsilon)} \tag{4-59}$$

证毕。

4.2 SAA 模型的求解

4.2.1 非奇异性定理

假定 (x, y) 是第 v 个式（4-5）的可行点，我们定义以下指标集：

$$\begin{aligned}
I_1^v &= \{i:\ \bar{g}_i^v(x)=0,\ y_i^v=0,\ i=1,\ \cdots,\ l^v\}\\
I_2^v &= \{i:\ \bar{g}_i^v(x)<0,\ y_i^v>0,\ i=1,\ \cdots,\ l^v\}
\end{aligned} \tag{4-60}$$

和

$$\begin{aligned}
M_1^v(x) &= \{i:\ h_i^v(x^v)=0,\ \mu_i^v>0,\ i=1,\ \cdots,\ m^v\}\\
M_2^v(x) &= \{i:\ h_i^v(x^v)=0,\ \mu_i^v=0,\ i=1,\ \cdots,\ m^v\}\\
M_3^v(x) &= \{i:\ h_i^v(x^v)<0,\ \mu_i^v=0,\ i=1,\ \cdots,\ m^v\}
\end{aligned} \tag{4-61}$$

记由 $\{\bar{g}_i^v(x):\ i\in I_1^v(x)\}$ 组成的向量为 $\bar{g}_A^v(x)$，且 $\bar{g}_A(x)=(\bar{g}_A^1(x),\ \cdots,\ \bar{g}_A^N(x))^T$。同样地，记由 $\{\bar{g}_i^v(x):\ i\in I_2^v(x)\}$ 组成的

向量为 $\bar{g}_I^v(x)$，且 $\bar{g}_I(x)=(\bar{g}_I^1(x),\cdots,\bar{g}_I^N(x))^T$。相应地，记由 $\{h_i^v(x^v): i\in M_1^v(x)\}$ 组成的向量为 $h_{M_1}^v$，且 $h_{M_1}(x)=(h_{M_1}^1(x),\cdots,h_{M_1}^N(x))^T$。记由 $\{h_i^v(x^v): i\in M_2^v(x)\}$ 组成的向量为 $h_{M_2}^v(x)$，且 $h_{M_2}(x)=(h_{M_2}^1(x),\cdots,h_{M_2}^N(x))^T$。记由 $\{h_i^v(x^v): i\in M_3^v(x)\}$ 组成的向量为 $h_{M_3}^v(x)$，且 $h_{M_3}(x)=(h_{M_3}^1(x),\cdots,h_{M_3}^N(x))^T$。

定义 4.1：（PGNEP－LICQ）我们称 SGNEP 式（4－1）的惩罚模型的可行点 $\bar{x}$ 满足 PGNEP－LICQ，若

$$\{\nabla h_j^v(\bar{x}^v),\ v=1,\cdots,N\}_{j\in M_1^v\cup M_2^v} \tag{4-62}$$

线性无关。

定义 4.2：（PGNEP－SOSC）对于 SGNEP 式（4－1）的惩罚模型的一个可行点 $\bar{x}$，SGNEP 的惩罚模型的二阶充分条件（PGNEP－SOSC）成立，若

$$d^TJ\Xi(\bar{x})d>0 \quad 对所有\ d\neq 0\ 满足\ \bar{J}g_i^v(\bar{x})\mathrm{d}=0,\ \forall i\in I_1^v(\bar{x}) \tag{4-63}$$

这里

$$\Xi(x)=(J_{x^1}\bar{\theta}^1(x)+Jh^1(x^1)^T,\cdots,J_{x^N}\bar{\theta}^N(x)+Jh^N(x^N)^T) \tag{4-64}$$

按照指标集式（4－60）和式（4－61），我们将光滑化等式（4－16）写为：

$$E_c(\varepsilon, x, y) = \begin{pmatrix} \varepsilon \\ \nabla_x L^I(x, y, \mu, \lambda) \\ \Phi_{SFB}(\varepsilon, \mu_{M_1}, -h_{M_1}(x)) \\ \Phi_{SFB}(\varepsilon, \mu_{M_2}, -h_{M_2}(x)) \\ \Phi_{SFB}(\varepsilon, \mu_{M_3}, -h_{M_3}(x)) \\ \Phi_{SFB}(\varepsilon, g_A(x)+y_A, y_A) \\ \Phi_{SFB}(\varepsilon, g_I(x)+y_I, y_I) \end{pmatrix} = 0 \tag{4-65}$$

定理 4.4：假设 $L(x, y, \xi, \mu, \lambda)$ 和 $g(x, \xi,)$ 各由可积函数控制，SAA 方法中的样本为独立同分布（$i.i.d$）。设（x^I, y^I）是 SAA 模型式（4－61）的解，点（x^*, y^*）是聚点。如果 PGNEP－LICQ 式（4－62）和 PGNEP－SOSC 式（4－63）在点 x^* 处成立。那么存在常数 c^* 使当 $c>c^*$ 时，∂E_c^I（0, x^I, y^I, μ^I）中任意元素非奇异。

证明：对于 ∂E_c^I（0, x^I, y^I, μ^I）中任意元素

$$\begin{pmatrix} 1 & 0 \\ U & W \end{pmatrix} \tag{4-66}$$

假设存在向量（ω_1, …, ω_6）使

$$W\begin{pmatrix} \omega_1 \\ \vdots \\ \omega_6 \end{pmatrix} = 0 \tag{4-67}$$

也即

$$\begin{pmatrix} \Upsilon & cJg_1(x^I)^T & cJg_2(x^I)^T & Jh_1(x^I)^T & Jh_2(x^I)^T & Jh_3(x^I)^T \\ -Jh_1(x^I) & 0 & 0 & 0 & 0 & 0 \\ -A^I Jh_2(x^I) & 0 & 0 & 0 & G^I & 0 \\ 0 & 0 & 0 & 0 & 0 & -I \\ \Gamma^I Jg_1(x^I) & A_{22}^I & 0 & 0 & 0 & 0 \\ Jg_2(x^I) & 0 & I & 0 & 0 & 0 \end{pmatrix} \begin{pmatrix} \omega_1 \\ \omega_2 \\ \omega_3 \\ \omega_4 \\ \omega_5 \\ \omega_6 \end{pmatrix} = 0 \tag{4-68}$$

其中

$$\Upsilon = J_x M(x^I,\ \mu^I) + cJg_1(x^I)^T Jg_1(x^I) + cJg_2(x^I)^T Jg_2(x^I) \tag{4-69}$$

$$A^I \in \partial_3 \Phi_{SFB}(0,\ \mu_2^I,\ -h_2^I(x^I)) \tag{4-70}$$

$$G^I \in \partial_2 \Phi_{SFB}(0,\ \mu_2^I,\ -h_2^I(x^I)) \tag{4-71}$$

$$\Gamma^I \in \partial_2 \Phi_{SFB}(0,\ g_A(x) + y_A,\ y_A) \tag{4-72}$$

$$A_{22}^I \in \partial_3 \Phi_{SFB}(0,\ g_A(x) + y_A,\ y_A) \tag{4-73}$$

将其写为：

$J_x M(x^I,\ \mu^I)\omega_1 + cJg_1(x^I)^T Jg_1(x^I)\omega_1 + cJg_2(x^I)^T Jg_2(x^I)\omega_1 + cJg_1(x^I)^T\omega_2 + cJg_2(x^I)^T\omega_3 + Jh_1(x^I)^T\omega_4 + Jh_2(x^I)^T\omega_5 + Jh_3$

$$(x^I)^T\omega_6=0 \tag{4-74}$$

$$-Jh_1(x^I)\omega_1=0 \tag{4-75}$$

$$-A^IJh_2(x^I)\omega_1+G^I\omega_5=0 \tag{4-76}$$

$$-I\omega_6=0 \tag{4-77}$$

$$\Gamma^IJg_1(x^I)\omega_1+A_{22}^I\omega_2=0 \tag{4-78}$$

$$Jg_2(x^I)\omega_1+\omega_3=0 \tag{4-79}$$

由式（4－77）得

$$\xi_6=0$$

所以式（4－74）简化为：

$$J_xM(x^I,\ \mu^I)\omega_1+cJg_1(x^I)^TJg_1(x^I)\omega_1+cJg_2(x^I)^TJg_2(x^I)\omega_1+cJg_1(x^I)^T\omega_2+cJg_2(x^I)^T\omega_3+Jh_1(x^I)^T\omega_4+Jh_2(x^I)^T\omega_5=0 \tag{4-80}$$

即

$$\omega_1^TJ_xM(x^I,\ \mu^I)\omega_1+c\omega_1^TJg_1(x^I)^TJg_1(x^I)\omega_1+c\omega_1^TJg_2(x^I)^TJg_2(x^I)\omega_1+c\omega_1^TJg_1(x^I)^T\omega_2+c\omega_1^TJg_2(x^I)^T\omega_3+\omega_1^TJh_1(x^I)^T\omega_4+\omega_1^TJh_2(x^I)^T\omega_5=0 \tag{4-81}$$

由式（4－75）和式（4－79）得：

$$\omega_1^TJ_xM(x^I,\ \mu^I)\omega_1+c\omega_1^TJg_1(x^I)^TJg_1(x^I)\omega_1+c\omega_1^TJg_1(x^I)^T(-A_{22}^{I-1}\Gamma^IJg_1(x^I))\omega_1+\omega_1^TJh_2(x^I)^T\omega_5=0 \tag{4-82}$$

整理得

$$\omega_1^TJ_xM(x^I,\ \mu^I)\omega_1+c\omega_1^TJg_1(x^I)^T(I-A_{22}^{I-1}\Gamma^IJg_1(x^I))\omega_1+\omega_1^TJh_2(x^I)^T\omega_5=0 \tag{4-83}$$

此外，由式（1－22）可知，A^I 和 G^I 是对角阵且

$$\max(A^I+G^I)<1 \tag{4-84}$$

所以由式（4－76）得

$$\begin{cases}-\widetilde{A}^IJh_2(x^I)\widetilde{\omega}_1+\widetilde{G}^I\widetilde{\omega}_5=0\\ \hat{\omega}_5=0\end{cases} \tag{4-85}$$

这里，

$$A^I=\begin{pmatrix}\widetilde{A}^I & & & \\ & 0 & & \\ & & \ddots & \\ & & & 0\end{pmatrix},\ G^I=\begin{pmatrix}\widetilde{G}^I & & & \\ & 1 & & \\ & & 1 & \\ & & & 1\end{pmatrix},\ \omega_5=\begin{pmatrix}\widetilde{\omega}_5\\ \hat{\omega}_5\end{pmatrix} \tag{4-86}$$

将其代入式（4－83）得：

$$\omega_1^T(J_xM(x^I,\ \mu^I)+cJg_1(x^I)^T(I-A_{22}^{I-1}\Gamma^I)Jg_1(x^I)+Jh_2(x^I)^T\widetilde{G}^{I\ -1}\widetilde{A}^IJh_2(x^I))\omega_1>0 \tag{4-87}$$

因为，

$$\Gamma^I=\begin{pmatrix}1-\xi_1 & & \\ & \ddots & \\ & & 1-\xi_N\end{pmatrix},\ A_{22}^I=\begin{pmatrix}\xi_1-\zeta_1 & & \\ & \ddots & \\ & & \xi_N-\zeta_N\end{pmatrix}$$

这里，$(\xi_v,\ \zeta_v)\in\Re^2$，$\|(\xi_v,\ \zeta_v)\|_2\leqslant 1$，$v=1,\ \cdots,\ N$，所以$I-A_{22}^I\Gamma^I$是半正定矩阵。由 Bertsekas 等（1982）中引理1.25，即文献 Debreu G（1952）中 Debreu 定理的变形可知，存在常数 c^* 使对于任意 $c>c^*$，成立

$$\omega_1^T(J_xM(x^I,\ \mu)+cJg_1(x^I)^T(I-A_{22}^{I-1}\Gamma^I)Jg_1(x^I)+Jh_2(x^I)^T\widetilde{G}^{I-1}\widetilde{A}^IJh_2(x^I))\omega_1>0,\ 若\ \omega_1\neq 0 \tag{4-88}$$

因为 $M(x^I,\ \mu)$ 由一可积函数控制且 SAA 方法中的样本独立同

分布($i.i.d$)，由一致大数定律 Shapiro A 等（2009），定理 7.48 可知，在（x^*，μ^*）的一个闭有界邻域上一致有

$J_xM^l(\cdot)\to J_xM(\cdot)$，$w.p.1.$

由 Rockafcllar R T 等（1998）中定理 7.14，因为 $J_xM^l(\cdot)$连续收敛到 $J_xM(\cdot)$，我们有

$\lim\limits_{l\to\infty}J_xM^l(x^l,\mu^l)=J_xM(x^*,\mu^*)\quad w.p.1.$

因为 $\partial_2\Phi_{SFB}$ 和 $\partial_3\Phi_{SFB}$ 在点（0，μ_2^*，$-h_2(x^*)$）和点（0，$g_A(x)+y_A$，y_A）处外办连续，序列（$\tilde{A}^l$，$\tilde{G}^l$，A_{22}^l，Γ^l）的聚点（$\tilde{A}$，$\tilde{G}$，A_{22}，Γ）$w.p.1$ 满足 $A\in\partial_3\Phi_{SFB}(0,\mu_2,-h_2(x))$，$G\in\partial_2\Phi_{SFB}(0,\mu_2,-h_2(x))$，$\Gamma\in\partial_2\Phi_{SFB}(0,g_A(x)+y_A,y_A)$，$A_{22}\in\partial_3\Phi_{SFB}(0,g_A(x)+y_A,y_A)$，故存在常数 c^* 使对于任意 $c\geqslant c^*$，有

$$\omega_1^T(J_xM(x,\mu)+cJg_1(x)^T(I-A_{22}^{l-1}\Gamma)Jg_1(x)+Jh_2(x)^T\tilde{G}^{-1}\tilde{A}Jh_2(x))\omega_1>0，若\ \omega_1\neq 0 \tag{4-89}$$

故

$\omega_1=0$

将其分别代入式（4-78）和式（4-79）可得:

$\omega_2=0$，$\omega_3=0$

最后由线性无关性式（4-62）得

$\xi_4=0$，$\xi_5=0$

定理得证。

4.2.2 光滑牛顿法和收敛性定理

我们用光滑牛顿法来求解问题 $F^l(x,y,\mu)=0$。令 φ^l（ε，

z)：$= \| E^I(\varepsilon, z) \|^2$，这里，$z := (x, y, \mu)$。令 $\bar{\varepsilon} > 0$，$r \in (0, 1)$ 且 $r\bar{\varepsilon} < 1$。定义 $\vartheta^I(\varepsilon, z) := r\min\{1, \varphi^I(\varepsilon, z)\}$。这个方法与 Sun J 等（2014）中求解半定优化问题的平方光滑牛顿方法类似。

算法4.1：光滑牛顿方法。

步骤0　选择参数 $\delta > 0$，$\sigma \in (0, 1/2)$。令 $\varepsilon_0 := \bar{\varepsilon}$，给定初始点 $z_0 \in \Re^n \times \Re^l \times \Re^m$，置 $k := 0$。

步骤1　如果 $E^I(\varepsilon_k, z^k) = 0$，则停止。否则，令 $\vartheta_k := \vartheta^I(\varepsilon_k, z^k)$。

步骤2　按照以下等式计算 $(\Delta\varepsilon_k, \Delta z^k)$：

$$E^I(\varepsilon_k, z^k) + JE^I(\varepsilon_k, z^k)(\Delta\varepsilon_k, \Delta z^k) = \vartheta_k \begin{pmatrix} \bar{\varepsilon} \\ 0 \end{pmatrix} \tag{4-90}$$

步骤3　令 l_k 是满足

$$\varphi^I(\varepsilon_k + \delta^l \Delta\varepsilon_k, z^k + \delta^l \Delta z^k) \leqslant (1 - 2\sigma(1 - r\bar{\varepsilon})\delta^l)\varphi^I(\varepsilon_k, z^k) \tag{4-91}$$

的最小非负整数 l，置 $(\varepsilon_{k+1}, z^{k+1}) := (\varepsilon_k + \delta^l \Delta\varepsilon_k, z^k + \delta^l \Delta z^k)$。

步骤4　重新置 k 为 $k+1$，转步骤1。

以下定理给出光滑牛顿法的收敛性，证明过程与 Qi L 等（2000）定理8中向量的情形相似。

定理4.5：当样本容量 I 一定时，对于算法4.1产生的无穷点列 $\{(\varepsilon_k^I, z_k^I)\}$ 的聚点 $(0, z^I)$，设 $\partial E^I(0, z^I)$ 中任意元素非奇异，则 $(0, z^I)$ 是 $E^I(\varepsilon, z) = 0$ 的解。如果 PGNEP－LICQ 式（4－62）和 PGNEP－SOSC 式（4－63）在点 x^* 处成立，那么点列 $\{(\varepsilon_k^I,$

$z_k^I)\}$ 收敛到 $(0, z^I)$，且成立

$$\|(\varepsilon_{k+1}^I, z_{k+1}^I)-(0, z^I)\| = o(\|(\varepsilon_k^I, z_k^I)-(0, z^I)\|^2) \tag{4-92}$$

$$\varepsilon_{k+1}^I = o((\varepsilon_k^I)^2) \tag{4-93}$$

4.3 数值实验结果

本节运用惩罚方法来求解三个算例，用 Matlab R2009a 计算软件实现于 PC Pentium（R）Ⅳ2.80 GHz CPU 处理器。

例 4.1 该例基于第 2 章的例 2.1。设有 N 个参与者，每个参与者的决策变量为 $x^v \in \Re$（$v=1, \cdots, N$），目标函数为：

$$\theta_v(x):=E\left[\frac{-x^v}{x^1+\cdots+x^N}\left(1-\frac{x^1+\cdots+x^N}{B}\right)+\xi_v\right], \forall v=1,\cdots,N$$

其中，ξ_v 是服从在［-1, 1］上的平均分布的相互独立随机变量。我们设 $N=10$，$B=1$。第一个参与者的约束集合为 $0.3 \leqslant x^1 \leqslant 0.5$，其他参与者的约束集合为：

$$E[|x^1+\cdots+x^N|+\xi_v] \leqslant B, x^v \geqslant 0.01$$

计算结果如表 4-1 所示，表中分别给出真问题的解 x 以及样本容量 I 取值逐渐增大时 SAA 模型的解 x。其中 gap 表示 SAA 解与真问题解的偏离程度，以

$$\text{gap} = \frac{\| x^S - x^T \|}{\| x^T \|}$$

计算，其中 x^S 表示 SAA 模型的解，x^T 表示真问题的解。

表 4－1　例 4.1 中 SAA 模型的解

True	$I=10e+3$	$I=10e+8$	$I=10$
0.4674875592676610	0.4678839537345180	0.4684058002109030	0.4678062366747540
0.0539664166206864	0.0543620327857419	0.0528391580765637	0.0575499936584889
0.0539662807870382	0.0543621065982544	0.0528392061335332	0.0575499936548071
0.0539664220847343	0.0543620051994870	0.0528399066185216	0.0575499936546261
0.0539663326617699	0.0543620056704993	0.0528400853406389	0.0575499936589685
0.0539663210838725	0.0543621074627056	0.0528395955710392	0.0575499936472689
0.0539663025093613	0.0543620314895296	0.0528383930327301	0.0575499936574752
0.0539663302543772	0.0543619483253643	0.0528397409963087	0.0575499936568693
0.0539662970697229	0.0543620371175797	0.0528389922993296	0.0575499936585122
0.0539663920169817	0.0543620279139991	0.0528388157806321	0.0575499936469219
gap（%）	0.25	0.71	2.17

例 4.2　该算例基于第 2 章中的例 2.2。设有 $N=3$ 个参与者，每个参与者 v 的决策变量为 x^v。问题表达如下：

$$\min_{x_1} \quad E[-x_1+\eta_1] \qquad \text{s. t.} \begin{cases} x_3 \leqslant x_1 + x_2 \leqslant 1, \\ x_1 \geqslant 0, \end{cases}$$

$$\min_{x_2} \quad (x_2-0.5)^2 \qquad \text{s. t.} \begin{cases} x_3 \leqslant E[x_1+x_2-\eta_2] \leqslant 1, \\ x_2 \geqslant 0, \end{cases}$$

$$\min_{x_3} \quad E[(x_3-1.5x_1+\eta_3)^2]$$

$$\text{s. t.} \begin{cases} x_3 \leqslant 2 \\ x_3 \geqslant 0 \end{cases}$$

其中，η_1，η_2 和 η_3 是服从在［-1，1］上的平均分布的相互独立随机变量。通过简单计算，可知对应的真问题为：

$$\min_{x_1} \quad -x_1 \qquad \text{s. t.} \begin{cases} x_3 \leqslant x_1 + x_2 \leqslant 1 \\ x_1 \geqslant 0 \end{cases}$$

$$\min_{x_2} \quad (x_2 - 0.5)^2 \qquad \text{s. t.} \begin{cases} x_3 \leqslant x_1 + x_2 \leqslant 1 \\ x_2 \geqslant 0 \end{cases}$$

$$\min_{x_3} \quad (x_3 - 1.5x_1)^2 \qquad \text{s. t.} \begin{cases} x_3 \leqslant 2 \\ x_3 \geqslant 0 \end{cases}$$

通过分析计算可知真问题的解集为：

$$\left\{(\alpha, 1-\alpha, 1.5\alpha)^T \middle| \alpha \in \left[\frac{1}{2}, \frac{2}{3}\right]\right\}$$

我们用惩罚方法结合光滑牛顿法求解真问题，得出解为：

(0.666666793714942；0.333333205319810；0.999999998840750)

然后用同一方法对 SAA 模型求解，结果如表 4-2 所示。其中 gap 表示 SAA 解与真问题解的偏离程度，计算式为：

$$\text{gap} = \frac{\| x^S - x^T \|}{\| x^T \|}$$

其中，x^S 表示 SAA 模型的解，x^T 表示真问题的解。

表 4-2 例 4.2 中 SAA 模型的解

I	x	gap（%）
10	(0.872304558570413，0.354231411525544，1.36449694848090)	33.59
10e+3	(0.675412786616610，0.328830062128615，1.00728582945494)	0.98
10e+6	(0.666747672998725，0.333312665860585，0.999945570757584)	0.01

例 4.3 这个算例基于第 2 章的例 2.3。设有 F 个公司，C 个消费者和一个市场参与者（所以共有 $F+C+1$ 个参与者）。它们之间的市场关系通过 P 种商品相联系。市场参与者置价格为出清价

格 p，公司将生产一定的产品实现自己的利润最大化，消费者购买一定的产品实现自己的效用最大化。在这种情况下，公司的决策变量为 $y^j \in \Re^P$（$j=1$，⋯，F），问题描述为：

$$\max_{y^j} \quad p^T y^j$$

$$\text{s. t.} \quad \begin{cases} y^j \geqslant 0 \\ \sum_{k=1}^{P} (y_k^j)^2 \leqslant j \times 10 \end{cases}$$

第 i 个消费者的决策变量为 $x^i \in \Re^P$，问题描述为：

$$\max_{x^i} \quad E[u_i(x^i)]$$

$$\text{s. t.} \quad \begin{cases} x^i \geqslant 0 \\ P^T x^i \leqslant P^T \xi^i \end{cases}$$

这里，$\xi \in \Re_+^P$ 是初始赋值。我们选取 $F=4$，$C=20$，$P=5$，效用函数为：

$$u^i(x^i) = -\sum_{k=1}^{P} (a_k + i) \times \log(x_k^i + b_k + \zeta_i + 2 \times i), i = 1, \cdots, C/2$$

$$u^i(x^i) = -\sum_{k=1}^{P} (c_k + i) \times \log(x_k^i + d_k + \zeta_i + i), i = C/2+1, \cdots, C$$

这里

$$a = \begin{pmatrix} 1 \\ 2 \\ 4 \\ 6 \\ 8 \end{pmatrix}, b = \begin{pmatrix} 20 \\ 30 \\ 30 \\ 40 \\ 50 \end{pmatrix}, c = \begin{pmatrix} 10 \\ 6 \\ 4 \\ 10 \\ 1 \end{pmatrix}, d = \begin{pmatrix} 50 \\ 40 \\ 30 \\ 20 \\ 20 \end{pmatrix}$$

初始赋值为：

$$\xi^i = \begin{pmatrix} 2 \\ 3 \\ 4 \\ 1 \\ 6 \end{pmatrix} (i=1,\cdots,C/2); \qquad \xi^i = \begin{pmatrix} 6 \\ 5 \\ 4 \\ 3 \\ 2 \end{pmatrix} (i=C/2+1,\cdots,C)$$

随机变量ζ_i（$i=1$，…，C）是由高斯分布N（0，1）产生的独立变量。市场参与者的模型如下：

$$\max_p \quad p^T\left(\sum_{i=1}^{C} x^i - \sum_{j=1}^{F} y^j - \sum_{i=1}^{C} \xi^i\right)$$

$$\text{s. t.} \quad \begin{cases} p \geqslant 0 \\ \sum_{h=1}^{P} ph = 1 \end{cases}$$

若变量是负数，对数函数则无意义。在这里我们赋予b和d足够大的数以避免这种情况。在这里，为了表达得简洁，我们只拿真问题与SAA模型的p值作比较。在表4－3中I表示样本容量，其中True对应的是真问题的值。而gap表示SAA解与真问题解的偏离程度，计算式为：

$$\text{gap} = \frac{\| x^S - x^T \|}{\| x^T \|}$$

表4－3　例4.3的计算结果

I	p	gap（%）
True	（0.1979769，0.1972757，0.1998382，0.2044339，0.2004750）	
100	（0.1874161，0.1831251，0.1991167，0.2270053，0.2033367）	6.44
400	（0.1951114，0.1934016，0.1996389，0.2106087，0.2012394）	1.76
800	（0.1983038，0.1977159，0.1998548，0.2037209，0.2004046）	0.20

其中，x^S 表示 SAA 模型的解，x^T 表示真问题的解。可以看出，随着样本容量的增大，SAA 模型的解与真问题解的偏离程度逐渐变小。

4.4　本章小结

对于随机广义纳什均衡问题的求解目前几乎没有研究。我们初步探索并通过设计实验，给出随机问题和对应的真问题，采用惩罚方法和 SAA 方法结合的方式对其进行求解。首先，我们将真问题和 SAA 模型的惩罚模型分别转化成相应的等式系统。其次，证明真问题的稳定点收敛于 SAA 模型的稳定点并研究了稳定点收敛的速度，在一定条件下证明了稳定点随样本容量增大依指数收敛。对一个样本容量确定的 SAA 模型，我们在 PGENP - LICQ 和 PGNEP - SOSC 下证明了 SAA 模型 Karush - Kuhn - Tucker 系统的 Clarke 广义微分是非奇异的。最后，数值算例说明在 SAA 方法的基础上引入惩罚方法对于求解随机广义纳什均衡问题是一种有效的方法。

5 随机广义纳什均衡问题的光滑牛顿法

本章研究了求解一类随机广义纳什均衡问题的光滑牛顿法。在这类问题中，第 v 个参与者的模型是：

$$\min_{x^v} \quad \mathrm{E}[\theta_v(x,\xi_v)]$$
$$\text{s. t.} \quad \begin{cases} \mathrm{E}[g^v(x,\xi_v)] \leqslant 0 \\ h^v(x^v) \leqslant 0 \end{cases} \tag{5-1}$$

这里，对于几乎所有 $\xi_v \in \Xi_v \subseteq \Re^{s_v}$，函数 θ_v：$\Re^n \times \Re^{s_v} \to \Re$，$g^v$：$\Re^n \times \Re^{s_v} \to \Re^{l^v}$ 和 h^v：$\Re^{n_v} \to \Re^{m^v}$ 关于 x 二阶连续可微，随机函数 θ_v（x，ξ_v）和 g^v（x，ξ_v）均可测且关于 ξ_v 连续。独立随机变量 ξ_v：$\Omega \to \Re^{s_v}$定义在空间（Ω，F，P）上，这里我们用 E 表示数学期望。

以下研究首先引入 SAA 方法构造出原问题的 SAA 模型，证明了当样本容量趋于无穷时 SAA 模型的 Karush - Kuhn - Tucker 点以概率一指数收敛到真问题的 Karush - Kuhn - Tucker 点。其次，将 SAA 模型的 Karush - Kuhn - Tucker 系统转化为一个等价的等式，并在一定条件下证明了当样本容量固定时，对于约束是强可加的一类随机广义纳什均衡问题，等式的 Clarke 广义微分是非奇异的，在引入光滑牛顿法后并给出了算法的全局收敛性和局部二次收敛性。最后给出了说明性算例。

5.1　SAA 方法求解

5.1.1　SAA 模型 Karush – Kuhn – Tuckerm 系统的等价形式

对于随机广义纳什均衡问题，为了简化表述，我们记：

$\overline{\theta}_v(x)=E[\theta_v(x,\xi_v)],\overline{g}^v(x)=E[g^v(x,\xi_v)]$

对于给定的 x^{-v}，第 v 个参与者的拉格朗日表达式为：

$$L_v(x,\mu_v,\lambda_v)=\overline{\theta}_v(x)+\mu_v^T\overline{g}^v(x)+\lambda_v^Th^v(x^v) \tag{5-2}$$

假设 Robinson 条件

$$0\in \operatorname{int}\left\{\begin{pmatrix}\overline{g}^v(x^*)\\ h^v(x^{*,v})\end{pmatrix}+\begin{pmatrix}J_{x^v}\overline{g}^v(x^*)\\ Jh^v(x^{*,v})\end{pmatrix}-\begin{pmatrix}\Re_-^{l^v}\\ \Re_-^{m^v}\end{pmatrix}\right\} \tag{5-3}$$

在点 x^* 处成立，则存在数对（μ_v^*，λ_v^*）$\in\Re^{l^v}\times\Re^{m^v}$ 使 Karush – Kuhn – Tucker 系统

$$\begin{aligned}&\nabla_{x^v}L_v\left[(x^v,x^{*,-v}),\mu_v,\lambda_v\right]=0\\&\Re_+^{l^v}\ni\mu_v\perp-\overline{g}^v(x^v,x^{*,-v})\in\Re_+^{l^v}\\&\Re_+^{m^v}\ni\lambda_v\perp-h^v(x^v)\in\Re_+^{m^v}\end{aligned} \tag{5-4}$$

在点（$x^{*,v}$，μ_v^*，λ_v^*）处成立。

综合所有 N 个参与者，联立的 Karush - Kuhn - Tucker 系统为：

$$
\begin{aligned}
&L(x,\mu,\lambda)=0\\
&\Re_+^l \ni \mu \perp -\bar{g}(x) \in \Re_+^l\\
&\Re_+^m \ni \lambda \perp -h(x) \in \Re_+^m
\end{aligned}
\tag{5-5}
$$

这里，

$$
L(x,\mu,\lambda)=\begin{pmatrix}\nabla_{x^1}L_1(x,\mu_1,\lambda_1)\\ \vdots \\ \nabla_{x^N}L_N(x,\mu_N,\lambda_N)\end{pmatrix},\mu=\begin{pmatrix}\mu_1\\ \vdots\\ \mu_N\end{pmatrix},\bar{g}(x)=\begin{pmatrix}\bar{g}^1(x)\\ \vdots\\ \bar{g}^N(x)\end{pmatrix}
$$

$$
\lambda=\begin{pmatrix}\lambda_1\\ \vdots\\ \lambda_N\end{pmatrix},h(x)=\begin{pmatrix}h^1(x^1)\\ \vdots\\ h^N(x^N)\end{pmatrix}
$$

引入 Fischer - Burmeister 函数，式（5 - 5）变换为：

$$
F(x,\mu,\lambda)=\begin{pmatrix}L(x,\mu,\lambda)\\ \Phi_{FB}(\mu,-\bar{g}(x))\\ \Phi_{FB}(\lambda,-h(x))\end{pmatrix}=0 \tag{5-6}
$$

显然，式（5 - 6）等价于

$$
E(\varepsilon,x,\mu,\lambda)=\begin{pmatrix}\varepsilon\\ L(x,\mu,\lambda)\\ \Phi_{SFB}(\varepsilon,\mu,-\bar{g}(x))\\ \Phi_{SFB}(\varepsilon,\lambda,-h(x))\end{pmatrix}=0 \tag{5-7}
$$

显然，如果常数 $\varepsilon>0$ 足够小，那么 E（ε，x，μ，λ）是一个光滑的映射。E 在（ε，x，μ，λ）点处关于（x，μ，λ）的微分为：

$$J_{x,\mu,\lambda}E(\varepsilon,x,\mu,\lambda)=\begin{pmatrix} B_{11} & B_{12} & B_{13} \\ B_{21} & B_{22} & 0 \\ B_{31} & 0 & B_{33} \end{pmatrix} \tag{5-8}$$

其中，

$$B_{11}=\begin{pmatrix} J_x\nabla_{x^1}L_1(x,\mu_1,\lambda_1) \\ \vdots \\ J_x\nabla_{x^N}L_N(x,\mu_N,\lambda_N) \end{pmatrix},B_{12}=\begin{pmatrix} \nabla_{x^1}\bar{g}^1(x) & & \\ & \ddots & \\ & & \nabla_{x^N}\bar{g}^N(x) \end{pmatrix}$$

$$B_{13}=\begin{pmatrix} \nabla_{x^1}h^1(x^1) & & \\ & \ddots & \\ & & \nabla_{x^N}h^N(x^N) \end{pmatrix}$$

$$B_{21}=\begin{pmatrix} -J_3\Phi_{SFB}(\varepsilon,\mu_1,-\bar{g}^1(x))J_{x^1}\bar{g}^1(x) & \cdots & -J_3\Phi_{SFB}(\varepsilon,\mu_1,-\bar{g}^1(x))J_{x^N}\bar{g}^1(x) \\ \vdots & & \vdots \\ -J_3\Phi_{SFB}(\varepsilon,\mu_N,-\bar{g}^N(x))J_{x^1}\bar{g}^N(x) & \cdots & -J_3\Phi_{SFB}(\varepsilon,\mu_N,-\bar{g}^N(x))J_{x^N}\bar{g}^N(x) \end{pmatrix}$$

$$B_{22}=\begin{pmatrix} J_2\Phi_{SFB}(\varepsilon,\mu_1,-\bar{g}^1(x)) & & \\ & \ddots & \\ & & J_2\Phi_{SFB}(\varepsilon,\mu_N,-\bar{g}^N(x)) \end{pmatrix}$$

$$B_{31}=\begin{pmatrix} -J_3\Phi_{SFB}(\varepsilon,\lambda_1,-h^1(x^1))Jh^1(x^1) & & \\ & \ddots & \\ & & -J_3\Phi_{SFB}(\varepsilon,\lambda_N,-h^N(x^N))Jh^N(x^N) \end{pmatrix}$$

$$B_{33}=\begin{pmatrix} J_2\Phi_{SFB}(\varepsilon,\lambda_1,-h^1(x^1)) & & \\ & \ddots & \\ & & -J_3\Phi_{SFB}(\varepsilon,\lambda_N,-h^N(x^N)) \end{pmatrix}$$

在这一节，我们用SAA方法求解随机广义纳什均衡问题并证明了这个方法的可行性。式（5－1）的SAA模型为：

$$\min_{x^v} \quad \frac{1}{I}\sum_{i=1}^{I}\theta_v(x,\xi_v^i)$$

$$\text{s. t.} \quad \begin{cases} \frac{1}{I}\sum_{i=1}^{I} g^v(x,\xi_v^i) \leqslant 0 \\ h^v(x^v) \leqslant 0 \end{cases} \tag{5-9}$$

$v=1$，⋯，N。这样，类似地，式（15－9）的Karush－Kuhn－Tuckerm系统可变换为：

$$F^I(x,\mu,\lambda) = \begin{pmatrix} L^I(x,\mu,\lambda) \\ \Phi_{FB}(\mu,-g^I(x)) \\ \Phi_{FB}(\lambda,-h(x)) \end{pmatrix} = 0 \tag{5-10}$$

或

$$E^I(\varepsilon,x,\mu,\lambda) = \begin{pmatrix} \varepsilon \\ L^I(x,\mu,\lambda) \\ \Phi_{SFB}(\varepsilon,\mu,-g^I(x)) \\ \Phi_{SFB}(\varepsilon,\lambda,-h(x)) \end{pmatrix} = 0 \tag{5-11}$$

这里，

$$L^I(x,\mu,\lambda) = \begin{pmatrix} \frac{1}{I}\sum_{i=1}^{I} \nabla_{x^1}\theta_1(x,\xi_1^i) + (\frac{1}{I}\sum_{i=1}^{I} \nabla_{x^1}g^1(x,\xi_1^i))\mu_1 + \nabla h^1(x^1)\lambda_1 \\ \vdots \\ \frac{1}{I}\sum_{i=1}^{I} \nabla_{x^N}\theta_N(x,\xi_N^i) + (\frac{1}{I}\sum_{i=1}^{I} \nabla_{x^N}g^N(x,\xi_N^i))\mu_N + \nabla h^N(x^N)\lambda_N \end{pmatrix}$$

（5－12）

$$g^I(x) = \begin{pmatrix} \frac{1}{I}\sum_{i=1}^{I} g^1(x,\xi_1^i) \\ \vdots \\ \frac{1}{I}\sum_{i=1}^{I} g^N(x,\xi_N^i) \end{pmatrix} \tag{5-13}$$

$$\mu = \begin{pmatrix} \mu_1 \\ \vdots \\ \mu_N \end{pmatrix}, \lambda = \begin{pmatrix} \lambda_1 \\ \vdots \\ \lambda_N \end{pmatrix}, h(x) = \begin{pmatrix} h^1(x^1) \\ \vdots \\ h^N(x^N) \end{pmatrix} \tag{5-14}$$

5.1.2　SAA 方法的概率一指数收敛性

本节讨论式（5－9）Karush－Kuhn－Tuckerm 点的指数收敛性。以下定理给出了 SAA 等式（5－10）与真问题等式（5－6）的一致性。

定理 5.1：记

$$L^I(x,\mu,\lambda) = \frac{1}{I}\sum_{i=1}^{I} L(x,\mu,\lambda,\xi^i) \tag{5-15}$$

$$g^I(x) = \frac{1}{I}\sum_{i=1}^{I} g(x,\xi^i) \tag{5-16}$$

假设 $L(x, \mu, \lambda, \xi)$ 和 $g(x, \xi)$ 可由可积函数控制，SAA 方法中的随机样本独立同分布（$i.i.d$）。设（x^I, μ^I, λ^I）是式（5－10）的解，那么 $\{(x^I, \mu^I, \lambda^I)\}$ 的任何聚点是式（5－6）的解，$w.p.1$，$I\to\infty$。

证明：假设（x^I, μ^I, λ^I）→（$\bar{x}$, $\bar{\mu}$, $\bar{\lambda}$）$w.p.1$，$I\to\infty$，其中，（x^I, μ^I, λ^I）是

$$F^I(x,\mu,\lambda) = \begin{pmatrix} L^I(x,\mu,\lambda) \\ \Phi_{FB}(\mu, -\frac{1}{I}\sum_{i=1}^{I} g(x,\xi^i)) \\ \Phi_{FB}(\lambda, -h(x)) \end{pmatrix} = 0 \qquad (5-17)$$

的解，且 $g(x, \xi^i) = (g^1(x, \xi_1^i), \cdots, g^N(x, \xi_N^i))^{\mathrm{T}}$。由大数定律可知，在 $(\bar{x}, \bar{\mu}, \bar{\lambda})$ 的闭有界邻域上，有

$$L^I(\cdot) \to L(\cdot) \quad w.p.1$$

$$\frac{1}{I}\sum_{i=1}^{I} g(\cdot,\xi^i) \to \bar{g}(\cdot) \quad w.p.1$$

因为 Fischer - Burmeister 函数 $\Phi_{\mathrm{FB}}(\cdot, \cdot)$ 是 Lipschitz 连续函数，见 Facchinei F 等（2003），那么在 $(\bar{x}, \bar{\mu}, \bar{\lambda})$ 的这一闭有界邻域有

$$F^I(\cdot) \to F(\cdot) \quad w.p.1$$

由 Rockafellar R T，Wets R J - B（1998）中定理 7.14 可知 $F^I(\cdot)$ 连续收敛到 $F(\cdot)$，即

$$\lim_{I\to\infty} F^I(x^I,\mu^I,\lambda^I) = F(\bar{x},\bar{\mu},\bar{\lambda}) = 0 \quad w.p.1 \qquad (5-18)$$

即 $(\bar{x}, \bar{\mu}, \bar{\lambda})$ 是式（5 -6）的解 $w.p.1$ 证毕。

定理 5.2：设 $L^I(x, \mu, \lambda)$ 和 $g^I(x)$ 如定理 5.1 中给出且定理 5.1 中的条件成立。设 $(0, x^I, \mu^I, \lambda^I)$ 是 SAA 模型的光滑等式（5 -11）的解，那么 $\{(0, x^I, \mu^I, \lambda^I)\}$ 的任意聚点是真问题的光滑等式（5 -7）的解，$w.p.1$，$I\to\infty$。

定理 5.2 的证明与定理 5.1 类似。下面本书讨论收敛的速率，如果 $\{(x^I, \mu^I, \lambda^I)\}$ 收敛到 $(\bar{x}, \bar{\mu}, \bar{\lambda})$，那么将在一定条件下

指数收敛。

引理 5.1： 设 $z^I := (x^I, \mu^I, \lambda^I)$ 是 SAA 半光滑等式（5－10）的解且 $\bar{z} := (\bar{x}, \bar{\mu}, \bar{\lambda})$ 是$\{z^I\}$的一个聚点。如果假设 3.2 成立。那么对于任意 $\varepsilon > 0$，存在与 I 独立的正数 $\delta > 0$，$\hat{C}(\varepsilon)$ 和 $\hat{\beta}(\varepsilon)$ 使

$$\mathrm{Prob}\{\sup_{z \in B_\delta(\bar{z})} \| F^I(z) - F(z) \| \geqslant \varepsilon\} \leqslant \hat{C}(\varepsilon) e^{-I\hat{\beta}(\varepsilon)} \tag{5-19}$$

对于足够大的 I 成立。

证明： 证明与第 4 章引理 4.4 相似。

引理 5.2： 设 z^* 是原问题半光滑等式（5－6）的解，z^I 是 SAA 模型半光滑等式（5－10）的解。那么对于任意 $\hat{\varepsilon} > 0$，存在 $\Delta > 0$，$\hat{\delta} > 0$ 使如果

$$\sup_{z \in w} \| F^I(z) - F(z) \| < \hat{\delta} \tag{5-20}$$

则

$$\| z^I - z^* \| < \hat{\varepsilon} \quad w.p.1 \tag{5-21}$$

这里，$W := \{z : \| z - z^* \| < \Delta\}$　　(5－22)

证明： 这个证明类似于 Xu H.（2010）中引理 2.9 的证明。令

$$R(\varepsilon) := \inf_{\{z \in W : \| z - z^* \| \geqslant \hat{\varepsilon}\}} \| F(z) \| \tag{5-23}$$

显然 $R(\hat{\varepsilon}) > 0$。令 $\hat{\delta} = R(\hat{\varepsilon})/2$，$\sup_{z \in W} \| F^I(z) - F(z) \| < \hat{\delta}$。则对于任意满足 $d(z, z^*) > \hat{\varepsilon}$ 的一点 $z \in W$ 有

$$\begin{aligned} \| F^I(z) \| &\geqslant \| F(z) \| - \sup_{z \in W} \| F^I(z) - F(z) \| \\ &> \| F(z) \| - \hat{\delta} \\ &> 2\hat{\delta} - \hat{\delta} > 0 \end{aligned} \tag{5-24}$$

这意味着 $F^I(z) \neq 0$，所以对于任意满足 $F^I(z) = 0$ 的 z 有

$\| z^I - z^* \| < \hat{\varepsilon}$。

定理 5.3：假设定理 5.1 的条件成立，Robinson 约束条件和假设 4.2 在点 x^* 处成立。设 $\{x^I\}$ 是式（5－9）的解，且 $\{x^I\}$ 收敛到点 x^*，$\{(\mu^I, \lambda^I)\}$ 和 (μ^*, λ^*) 是相对应的拉格朗日乘子。那么对于任意 $\varepsilon > 0$，存在与 I 无关的常数 $\tilde{C}(\varepsilon)$ 和 $\tilde{\beta}(\varepsilon)$，使对于足够大的 I 有

$$\text{Prob}\{ \| z^I - z^* \| \geqslant \varepsilon \} \leqslant \tilde{C}(\varepsilon) e^{-I\tilde{\beta}(\varepsilon)} \tag{5-25}$$

这里，$z^I = (x^I, \mu^I, \lambda^I)$，$z^* = (x^*, \mu^*, \lambda^*)$。

证明：注意到

$$\| z^I - z^* \| \leqslant c \| F(z^I) \| = c \| F^I(z^I) - F(z^I) \| \leqslant c \sup_{z \in W} \| F^I(z) - F(z) \| < c\varepsilon \tag{5-26}$$

由引理 5.1 和引理 5.2 可知命题成立。

5.2 SAA 模型的求解

这一节我们引入光滑牛顿法求解 SGNEP 问题的 SAA 模型式（5－9）。在一定条件下证明了 SAA 模型 Karush－Kuhn－Tuckerm 系统的 Clarke 广义微分的非奇异性并研究了算法的收敛性。

5.2.1 非奇异性定理

下面我们分析 $JE^I(\varepsilon, x^I, \mu^I, \lambda^I)$ 的非奇异性，这里 $(x^I$，

μ^I，λ^I）是SAA模型式（5－9）的可行点。设（$\bar{x}$，$\bar{\mu}$，$\bar{\lambda}$）是SGNEP式（5－1）的可行点，首先定义

$$L_1^v = \{i: \bar{g}_i^v(\bar{x}) = 0, \mu_i^v > 0, i = 1, \cdots, l^v\} \tag{5-27}$$

$$L_2^v = \{i: \bar{g}_i^v(\bar{x}) = 0, \mu_i^v = 0, i = 1, \cdots, l^v\} \tag{5-28}$$

$$L_3^v = \{i: \bar{g}_i^v(\bar{x}) < 0, \mu_i^v = 0, i = 1, \cdots, l^v\} \tag{5-29}$$

和

$$M_1^v = \{i: h_i^v(\bar{x}^v) = 0, \lambda_i^v > 0, i = 1, \cdots, m^v\} \tag{5-30}$$

$$M_2^v = \{i: h_i^v(\bar{x}^v) = 0, \lambda_i^v = 0, i = 1, \cdots, m^v\} \tag{5-31}$$

$$M_3^v = \{i: h_i^v(\bar{x}^v) < 0, \lambda_i^v = 0, i = 1, \cdots, m^v\} \tag{5-32}$$

定义5.1：（SGNEP－LICQ）我们称SGNEP式（5－1）在可行点$\bar{x}$处满足SGNEP－LICQ，若

$$\{\nabla_{x^v}\bar{g}_i^v(\bar{x}), v = 1, \cdots, N\}_{i \in L_1^v \cup L_2^v} \cup \{\nabla h_j^v(\bar{x}^v), v = 1, \cdots, N\}_{j \in M_1^v \cup M_2^v} \tag{5-33}$$

线性无关。

定义5.2：（SGNEP－SOSC）设$\bar{x}$是SGNEP式（5－1）的可行点且对应的拉格朗日乘子集$\Lambda(\bar{x}) = \{(\bar{\mu}, \bar{\lambda})\}$是单点集。我们称SGNEP的二阶充分条件在点$\bar{x}$处成立，若

$$d^T J_x L(\bar{x}, \bar{\mu}, \bar{\lambda}) d > 0, d \in \{d: J\bar{g}_1(\bar{x}) d = 0, Jh_1(\bar{x}) d = 0\} \setminus \{0\} \tag{5-34}$$

这里，

$\bar{g}_1(x) = (\bar{g}_1^1(x), \cdots, \bar{g}_1^N(x))^T$，$\bar{g}_1^v(x) = (\bar{g}_1^v(x), \cdots, \bar{g}_{q^v}^v(x))^T$，$\{1, \cdots, q^v\} = L_1^v$

$h_1(x) = (h_1^1(x), \cdots, h_1^N(x))^T$，$h_1^v(x) = (h_1^1(x^v), \cdots, h_{p^v}^N(x^v))^T$，

$\{1,\cdots,p^v\} = M_1^v$

定理 5.4：记 $L^I(x,\mu,\lambda) = \frac{1}{I}\sum_{i=1}^{I} L(x,\mu,\lambda,\xi^i)$。假设 $L(x,\mu,\lambda,\xi)$ 由一可积函数控制且 SAA 方法中的随机样本独立同分布 ($i.i.d$)。对 $v = 1,\cdots,N$，假设约束函数 $\bar{g}^v(x)$ 关于 $(x^1,\cdots,x^N)$ 强可加。设 $x^I = (x^{I,1},\cdots,x^{I,N})$，$\mu^I = (\mu^{I,1},\cdots,\mu^{I,N})$，$\lambda^I = (\lambda^{I,1},\cdots,\lambda^{I,N})$，其中 $(x^{I,v},\mu^{I,v},\lambda^{I,v})$ 是第 v 个 SAA 模型式（5－9）的 Karush－Kuhn－Tucker 点且 (x^I,μ^I,λ^I) 收敛到 (x^*,μ^*,λ^*)。如果 SGNEP－LICQ 式（5－33）和 SGNEP－SOSC 式（5－34）在点 (x^*,μ^*,λ^*) ~ ＄(x^{*} 成立，那么 $\partial E^I(0,x^I,\mu^I,\lambda^I)$ 中任意元素非奇异 $w.p.1$。

证明：设

$$X_1^v(x^{-v}) := \{x^v \in \Re^{n_v} : \frac{1}{I}\sum_{i=1}^{I} g^v(x,\xi_v^i) \leqslant 0, h^v(x^v) \leqslant 0\} \tag{5-35}$$

对于点

$$x^I \in X_I^1(x^{-1}) \times \cdots \times X_1^N(x^{-N}) \tag{5-36}$$

首先划分指标集如下

$$L_1^{v,I} = \{i : g_i^{v,I}(x^I) = 0, \mu_i^{v,I} > 0, i = 1,\cdots,l^v\}$$

$$M_1^{v,I} = \{i : h_i^v(x^{I,v}) = 0, \lambda_i^{v,I} > 0, i = 1,\cdots,m^v\}$$

$$L_2^{v,I} = \{i : g_i^{v,I}(x^I) = 0, \mu_i^{v,I} = 0, i = 1,\cdots,l^v\}$$

$$M_2^{v,I} = \{i : h_i^v(x^{I,v}) = 0, \lambda_i^{v,I} = 0, i = 1,\cdots,m^v\}$$

$$L_3^{v,I} = \{i : g_i^{v,I}(x^I) < 0, \mu_i^{v,I} = 0, i = 1,\cdots,l^v\}$$

$$M_3^{v,I} = \{i : h_i^v(x^{I,v}) < 0, \lambda_i^{v,I} = 0, i = 1,\cdots,m^v\}$$

其中，$g_l^{v,I}(x) = \dfrac{1}{I}\sum_{i=1}^{I} g_l^v(x,\xi^i)$。对于第 v 个参与者，显然有 $\cup_{i=1}^3 L_i^{v,I} = \{1,\cdots,l^v\}$，$\cup_{i=1}^3 M_i^{v,I} = \{1,\cdots,m^v\}$。

任意 $W^I = \partial\ E^I\ (0,\ x^I,\ \mu^I,\ \lambda^I)$ 可表达如下

$$W^I = \begin{pmatrix} 1 & 0 & 0 & 0 & 0 & 0 & 0 & 0 \\ 0 & J_x L^I\ (x^I,\ \mu^I,\ \lambda^I) & \Im g_1^I\ (x^I)^T & \Im g_2^I\ (x^I)^T & \Im g_3^I\ (x^I)^T & Jh_1\ (x^I)^T & Jh_2\ (x^I)^T & Jh_3\ (x^I)^T \\ a_{g1} & -Jg_1^I\ (x^I) & 0 & 0 & 0 & 0 & 0 & 0 \\ a_{g2} & -A^I Jg_2^I\ (x^I) & 0 & G^I & 0 & 0 & 0 & 0 \\ a_{g3} & 0 & 0 & 0 & -I_g & 0 & 0 & 0 \\ a_{h1} & -Jh_1\ (x^I) & 0 & 0 & 0 & 0 & 0 & 0 \\ a_{h2} & -B^I Jh_2\ (x^I) & 0 & 0 & 0 & 0 & H^I & 0 \\ a_{h3} & 0 & 0 & 0 & 0 & 0 & 0 & -I_h \end{pmatrix} \tag{5-37}$$

这里，对于 $i=1,\ 2,\ 3$，有

$g_i^I(x^I) = (g_{i_1}^{1,I}(x^I),\ \cdots,\ g_{i_N}^{N,I}(x^I))^T,\ i_v \in L_i^{v,I}$；$h_i(x^I)$

$\quad = (h_{i_1}^1(x^I),\ \cdots,\ h_{i_N}^N(x^I))^T,\ i_v \in M_i^{v,I}$

$\Im g_i^I(x^I) = \mathrm{diag}(J_{x^1} g_{i_1}^{1,I}(x^I),\ \cdots,\ J_{x^N} g_{i_N}^{N,I}(x^I))$

$a_{gi} \in \partial\ {}_1\Phi_{SFB}(0,\ \mu_i^I,\ -g_i^I(x^I))$；$a_{hi} \in \partial\ {}_1\Phi_{SFB}(0,\ \lambda_i^I,\ -h_i^I(x^I))$

$A^I \in \partial\ {}_3\Phi_{SFB}(0,\ \mu_2^I,\ -g_2^I(x^I))$；$B^I \in \partial\ {}_3\Phi_{SFB}(0,\ \lambda_2^I,\ -h_2(x^I))$

和

$G^I \in \partial\ {}_2\Phi_{SFB}(0,\ \mu_2^I - g_2^I(x^I))$，$\mu_2^I = (\mu_{i_1}^{1,I},\ \cdots,\ \mu_{i_N}^{N,I})$，$i_v \in L_2^{v,I}$

$H^I \in \partial\ {}_2\Phi_{SFB}(0,\ \lambda_2^I - h_2(x^I))$，$\lambda_2^I = (\lambda_{i_1}^{1,I},\ \cdots,\ \lambda_{i_N}^{N,I})$，$i_v \in M_2^{v,I}$

其中，I_g 和 I_h 是单位阵。假设

$W^I \xi = 0$

其中，$\xi=(\xi_0, \xi_1, \xi_2, \xi_3, \xi_4, \xi_5, \xi_6, \xi_7)^T$，展开如下

$$\xi_0=0 \tag{5-38}$$

$$J_xL^I(x^I,\mu^I,\lambda^I)\xi_1+\Im g_1^I(x^I)^T\xi_2+\Im g_2^I(x^I)^T\xi_3+\Im g_3^I(x^I)^T\xi_4+Jh_1(x^I)^T\xi_5+Jh_2(x^I)^T\xi_6+Jh_3(x^I)^T\xi_7=0 \tag{5-39}$$

$$a_{g1}\xi_0-Jg_1^I(x^I)\xi_1=0 \tag{5-40}$$

$$a_{g2}\xi_0-AJg_2^I(x^I)\xi_1+G^I\xi_3=0 \tag{5-41}$$

$$a_{g3}\xi_0-I_g\xi_4=0 \tag{5-42}$$

$$a_{h1}\xi_0-Jh_1(x^I)\xi_1=0 \tag{5-43}$$

$$a_{h2}\xi_0-BJh_2(x^I)\xi_1+H^I\xi_6=0 \tag{5-44}$$

$$a_{h3}\xi_0-I_h\xi_7=0 \tag{5-45}$$

联合式（5－38）～式（5－45）得：

$$-Jg_1^I(x^I)\xi_1=0 \tag{5-46}$$

$$-AJg_2^I(x^I)\xi_1+G^I\xi_3=0 \tag{5-47}$$

$$-I_g\xi_4=0 \tag{5-48}$$

$$-Jh_1(x^I)\xi_1=0 \tag{5-49}$$

$$-BJh_2(x^I)\xi_1+H^I\xi_6=0 \tag{5-50}$$

$$-I_h\xi_7=0 \tag{5-51}$$

由式（5－49）和式（5－51）可得：

$$\xi_4=0 \tag{5-52}$$

$$\xi_7=0 \tag{5-53}$$

可将式（5－39）转化为：

$$J_xL^I(x^I,\mu^I,\lambda^I)\xi_1+\Im g_1^I(x^I)^T\xi_2+\Im g_2^I(x^I)^T\xi_3+Jh_1(x^I)^T\xi_5+Jh_2(x^I)^T\xi_6=0 \tag{5-54}$$

此外，由式（5-54）得到：

$$\xi_1^T J_x L(x^I, \mu^I, \lambda^I)\xi_1 + \xi_1^T \Im g_1 (x^I)^T \xi_2 + \xi_1^T \Im g_2 (x^I)^T \xi_3 + \xi_1^T Jh_1 (x^I)^T \xi_5 + \xi_1^T Jh_2 (x^I)^T \xi_6 = 0 \tag{5-55}$$

由式（1-22）可知，A 和 B 是对角阵且

$\max(A_I + G^I) \leqslant 1, \max(B_I + H^I) \leqslant 1$

所以式（5-47）与式（5-50）可以写为：

$$\begin{cases} -\tilde{A}_I \tilde{J}g_2^I(x^I)\tilde{\xi}_1 + \tilde{G}^I \tilde{\xi}_3 = 0 \\ \hat{\xi}_3 = 0 \end{cases} \tag{5-56}$$

和

$$\begin{cases} -\tilde{B}_I \tilde{J}h_2^I(x^I)\tilde{\xi}_1 + \tilde{H}^I \tilde{\xi}_6 = 0 \\ \hat{\xi}_6 = 0 \end{cases} \tag{5-57}$$

这里 $\tilde{A}_I$ 是对角阵且满足

$$A_I = \begin{pmatrix} \tilde{A}_I & & & \\ & 0 & & \\ & & \ddots & \\ & & & 0 \end{pmatrix} \tag{5-58}$$

此外，$Jg_2^I(x^I) = \begin{pmatrix} \tilde{J}g_2^I(x^I) \\ \vdots \\ \vdots \\ \vdots \end{pmatrix}, \xi_1 = \begin{pmatrix} \tilde{\xi}_1 \\ \vdots \\ \vdots \\ \vdots \end{pmatrix}, G^I = \begin{pmatrix} \tilde{G}^I & & & \\ & 1 & & \\ & & 1 & \\ & & & 1 \end{pmatrix},$

$\xi_3 = \begin{pmatrix} \tilde{\xi}_3 \\ \hat{\xi}_3 \end{pmatrix}$,与式(5-57)类似。

由式(5-56)和式(5-57)可知,式(5-55)转化为

$$\xi_1^T J_x L^l(x^l,\mu^l,\lambda^l)\xi_1 + \xi_1^T \Im g_1^l(x^l)^T \xi_2 + \tilde{\xi}_3^T \tilde{A}_l^{-1} \tilde{G}^l \tilde{\xi}_3 + \xi_1^T J h_1(x^l)^T \xi_5 + \tilde{\xi}_6^T \tilde{B}_l^{-1} \tilde{H}^l \tilde{\xi}_6 = 0 \tag{5-59}$$

结合式(5-46)、式(5-49)和$\bar{g}^v(x)$的强可加性,$v=1$, …, N,将式(5-59)简化为:

$$\xi_1^T J_x L^l(x^l,\mu^l,\lambda^l)\xi_1 + \tilde{\xi}_3^T \tilde{A}_l^{-1} \tilde{G}^l \tilde{\xi}_3 + \tilde{\xi}_6^T \tilde{B}_l^{-1} \tilde{H}^l \tilde{\xi}_6 = 0 \tag{5-60}$$

因为$L(x, \mu, \lambda, \xi)$可由一可积函数控制且在SAA方法中样本独立同分布(i. i. d),由一致大数定律Shapiro A等(2009)中定理7.48可知,在(x^*, λ^*, μ^*)的一个闭有界邻域上一致有

$$J_x L^l(\cdot) \to J_x L(\cdot),\ w.p.1$$

由Rockafellar R T等(1998)中定理7.14,因为$J_x L^l(\cdot)$连续收敛到$J_x L(\cdot)$,我们有

$$\lim_{l\to\infty} J_x L^l(x^l,\mu^l,\lambda^l) = J_x L(x^*,\mu^*,\lambda^*) \quad w.p.1$$

因为$\partial_2 \Phi_{SFB}$和$\partial_3 \Phi_{SFB}$在点$(0,\mu_2^*, -g_2(x^*))$和点$(0,\lambda_2^*, -h_2(x^*))$处外半连续,序列$(\tilde{G}^l,\tilde{H}^l)$的聚点$(\tilde{G},\tilde{H})$ $w.p.1$满足:

$$\tilde{G} \in \partial_2 \Phi_{SFB}(0,\tilde{\mu}_2^*, -\tilde{g}_2(x^*)),\tilde{\mu}_2 = (\tilde{\mu}_{i_1}^1,\cdots,\tilde{\mu}_{i_N}^N)^T, i_v \in L_2^v$$

$$\tilde{H} \in \partial_2 \Phi_{SFB}(0,\tilde{\lambda}_2^*, -\tilde{h}_2(x^*)),\tilde{\lambda}_2 = (\tilde{\lambda}_{i_1}^1,\cdots,\tilde{\lambda}_{i_N}^N)^T, i_v \in M_2^v$$

$\tilde{A}_I^{-1}$ 和 $\tilde{B}_I^{-1}$ 的聚点 $\tilde{A}^{-1}$和 $\tilde{B}^{-1}w.p.1$ 满足

$$\tilde{A}\in\partial_3\Phi_{SFB}(0,\tilde{\mu}_2^*,-\tilde{g}_2(x^*)),\tilde{\mu}_2=(\tilde{\mu}_{i_1}^1,\cdots,\tilde{\mu}_{i_N}^N)^T,i_v\in L_2^v$$

$$\tilde{B}\in\partial_3\Phi_{SFB}(0,\tilde{\lambda}_2^*,-\tilde{h}_2(x^*)),\tilde{\lambda}_2=(\tilde{\lambda}_{i_1}^1,\cdots,\tilde{\lambda}_{i_N}^N)^T,i_v\in M_2^v$$

我们由式（5－60）可得：

$$\xi_1^T J_x L(x^*,\mu^*,\lambda^*)\xi_1+\xi_3^T\tilde{A}^{-1}\tilde{G}\xi_3+\xi_6^T\tilde{B}^{-1}\tilde{H}\xi_6=0\quad w.p.1$$

此外，由式（1－22）可知，$\tilde{A}^{-1}$和 $\tilde{B}^{-1}$是元素非负的对角阵。结合 $\tilde{G}>0$，$\tilde{H}>0$，$\tilde{A}^{-1}>0$，$\tilde{B}^{-1}>0$ 可得

$$\xi_1^T J_x L(x^*,\mu^*,\lambda^*)\xi_1<0\quad w.p.1$$

然后结合 SGNEP－SOSC 式（5－34）可得 $\xi_1=0$ $w.p.1$。将 $\xi_1=0$、$\xi_4=0$ 和 $\xi_7=0$ 代入式（5－39）得

$$\Im g_1^I\ (x^I)^T\xi_2+\Im g_2^I\ (x^I)^T\xi_3+Jh_1\ (x^I)^T\xi_5+Jh_2\ (x^I)^T\xi_6=0,\quad w.p.1 \tag{5-61}$$

再次运用 Rockafellar R T 等（1998）中定理7.14，我们有$\nabla_{x^v} g_i^{v,I}$（·）连续收敛到$\nabla_{x^v}\bar{g}_i^v$（·）。当 $I\to\infty$时，以上等式取极限得

$$\Im\bar{g}_1\ (x^*)^T\xi_2+\Im\bar{g}_2\ (x^*)^T\xi_3+Jh_1\ (x^*)^T\xi_5+Jh_2\ (x^*)^T\xi_6=0,\quad w.p.1$$

由 GNEP－LICQ 式（5－33）可得

$$\xi_2=0,\xi_3=0,\xi_5=0,\xi_6=0,\quad w.p.1$$

证毕。

5.2.2 光滑牛顿法和收敛性定理

我们用光滑牛顿法来求解问题 $F^I(x,\mu,\lambda)=0$。令 $\varphi^I(\varepsilon,z):=$

$\| E^I(\varepsilon,z) \|^2$,这里 $z:=(x,\mu,\lambda)$。令 $\bar{\varepsilon}>0, r\in(0,1)$ 且 $r\bar{\varepsilon}<1$。定义 $\vartheta^I(\varepsilon,z):=r\min\{1,\varphi^I(\varepsilon,z)\}$。计算方法同算法 4.1。以下定理给出光滑牛顿法的收敛性，证明过程与 Qi L 等（2000）的定理 8 中向量的情形相似。

定理 5.5：设约束函数 $\bar{g}^v$（x）关于（x^1，…，x^N）强可加，$v=1$，…，N。当样本容量 I 一定时，设（0，z^I）是光滑牛顿法产生的点列｛（ε_k^I，z_k^I）｝的聚点，若∂ E^I（0，z^I）中任意元素非奇异，则（0，z^I）是 E^I（ε，z）$=0$ 的解。如果 SGNEP－LICQ 式（5－33）和 SGNEP－SOSC 式（5－34）在真问题的解（0，z^*）处成立，那么点列｛（ε_k^I，z_k^I）｝收敛到（0，z^I），且

$$\| (\varepsilon_{k+1}^I, z_{k+1}^I) - (0, z^I) \| = o(\| (\varepsilon_k^I, z_k^I) - (0, z^I) \|^2) \quad (5-62)$$

$$\varepsilon_{k+1}^I = o((\varepsilon_k^I)^2) \quad (5-63)$$

5.3 数值实验结果

本节我们给出实际算例来演示算法的收敛性。本章实验是应用 Matlab R2009a 软件实现的，计算机配置是 PC Pentium（R）Ⅳ 2.80 GHz CPU 处理器。

例 5.1 这个算例同第 4 章的例 4.2。通过光滑牛顿法计算的真问题的解为：

(0.666665392001228; 0.333332974424445; 0.999998416917659)

SAA 模型的解见表 5-1。这里 I 表示样本容量，gap 表示与表 5-1 中真问题近似解的偏差。实验表明在 SAA 方法的基础上，光滑牛顿法可以用来求解 SGNEP 的近似解。

表 5-1　例 5.1 中 SAA 模型的解

I	Solution	gap (%)
10	(0.605496369421049, 0.275716735743199, 0.881222368628928)	12.7
10e+3	(0.669396337029829, 0.329247245779979, 0.998643649910442)	0.317
10e+5	(0.666679438492524, 0.333319260592112, 0.999998749355693)	6.57e-04

例 5.2　考虑问题

$$\min_{x_v} \quad E[x^T(C_v+\xi_v{}^1-\xi_v{}^2)x]$$

$$\text{s. t.} \quad \begin{cases} E[(b_v+\xi_v{}^3+\xi_v{}^4)^T x]\leqslant 0 \\ A_v x_v + \mathrm{d}_v \leqslant 0 \end{cases}$$

$v=1,2$。这里 C_v,b_v,A_v 和 d_v 分别是 $n\times n$ 对称矩阵，$n\times 1$ 向量，$n_v\times n_v$ 矩阵和 $n_v\times 1$。$\xi_v{}^1,\xi_v{}^2,\xi_v{}^3$ 和 $\xi_v{}^4$ 是服从 Gauss 分布 $N(0,1)$ 的相互独立的随机变量。对应的真问题为

$$\min_{x_v} \quad x^T C_v x$$

$$\text{s. t.} \quad \begin{cases} b_v^T x\leqslant 0 \\ A_v x_v + d_v \leqslant 0 \end{cases}$$

例 5.3　考虑共同约束的问题

$$\min_{x_v} \quad \mathrm{E}[x^T(\overline{C}_v+\zeta_v^1-\zeta_v^2)x] \quad \text{s. t.} \quad \begin{cases} E[(\overline{b}+\zeta_v^3-\zeta_v^4)^T x]\leqslant 0 \\ \overline{A}_v x_v + \overline{d}_v \leqslant 0 \end{cases}$$

$v=1, 2$。这里 $\overline{C}_v$，$\overline{b}$，$\overline{A}_v$ 和 $\overline{d}_v$ 分别是 $n\times n$ 对称矩阵，$n\times 1$ 向量，$n_v\times n_v$ 矩阵和 $n_v\times 1$ 向量。ζ_v^1，ζ_v^2，ζ_v^3 和 ζ_v^4 是服从高斯分布 N（0，1）的相互独立的变量。通过简单分析计算可知，对应的真问题是

$$\min_{x_v} \quad x^T\overline{C}_v x$$

$$\text{s. t.} \quad \begin{cases} \overline{b}^T x \leqslant 0 \\ \overline{A}_v x_v + \overline{d}_v \leqslant 0 \end{cases}$$

在例 5.2 和例 5.3 中，我们选择初始点 x_0 为 0。停止准则为 Tol.：$=10^{-6}$。计算结果如表 5－3 和表 5－4 所示，其中 I，n，*Iter.*，*Cputime*，*Res.* 和 *val.* 分别表示样本容量，决策变量 x 的维数，循环次数，运行时间，最后一次循环中 φ（·）或者 φ^I（·）的余量，两个参与者的近似最优值。比率 *R.* 表示 SAA 模型解与真问题解的偏差，以

$$R. = \left[\left|\frac{Sopti_1 - Dopti_1}{Dopti_1}\right| + \left|\frac{Sopti_2 - Dopti_2}{Dopti_2}\right|\right]\times 100\%$$

计算，这里 $Sopti_v$ 和 $Dopti_v$，$v=1, 2$ 分别表示第 v 个参与者 SAA 模型和真问题的最优值。表 5－2 和表 5－3 的数据结果表明，光滑牛顿法可以用来求解维数较大的 SGNEP 的 SAA 模型。我们可以看出，当样本容量趋于无穷时，SAA 模型的值趋于真问题的值。

表5－2　例5.2的计算结果

	n	*Iter*	*Cpu time*	*Res.*	*val.*	*R.*（%）
True	30	3	0.032s	2.304762e－008	(5.092358e－019, 3.960998e－019)	
I＝100	30	3	0.015s	2.268309e－008	(4.927203e－019, 3.883938e－019)	5.188
True	30	3	0.031s	2.992565e－008	(3.924259e－019, 7.661341e－019)	
I＝400	30	3	0.047s	2.991160e－008	(3.856693e－019, 7.662945e－019)	1.742
True	30	3	0.016s	1.809970e－008	(2.321044e－019, 3.168701e－019)	
I＝800	30	3	0.016s	1.813722e－008	(2.340043e－019, 3.186402e－019)	1.377
True	30	3	0.016s	1.458805e－008	(2.878449e－019, 1.971765e－019)	
I＝1500	30	3	0.016s	1.457720e－008	(2.872501e－019, 1.962148e－019)	0.694
True	30	3	0.031s	2.008036e－007	(6.743826e－018, 1.811413e－018)	
I＝3000	30	3	0.016s	2.008083e－007	(6.754317e－018, 1.807571e－018)	0.367
True	30	3	0.016s	9.160435e－007	(2.226496e－017, 1.889081e－017)	
I＝10000	30	3	0.031s	9.160414e－007	(2.226362e－017, 1.889232e－017)	0.013
True	110	3	0.766s	2.053346e－007	(5.038466e－018, 3.429175e－018)	
I＝100	110	3	0.750s	2.060950e－007	(5.060527e－018, 3.308245e－018)	3.964
True	110	3	0.813s	5.773967e－008	(2.258265e－018, 2.195900e－018)	
I＝400	110	3	0.813s	5.809174e－008	(2.284272e－018, 2.225345e－018)	2.492
True	110	3	0.687s	2.620514e－007	(1.145107e－017, 1.061168e－017)	
I＝800	110	3	0.719s	2.624144e－007	(1.148835e－017, 1.064202e－017)	0.611
True	110	3	0.797s	8.292670e－008	(4.070203e－018, 3.737000e－018)	
I＝1500	110	3	0.813s	8.297584e－008	(4.074743e－018, 3.742652e－018)	0.262
True	110	3	0.625s	6.159928e－007	(2.784826e－017, 2.728043e－017)	
I＝3000	110	3	0.625s	6.162130e－007	(2.786381e－017, 2.728790e－017)	0.083
True	110	3	0.766s	1.261424e－007	(3.585124e－018, 3.969537e－018)	
I＝10000	110	3	0.765s	1.261441e－007	(3.585335e－018, 3.969466e－018)	0.007
True	220	3	5.719s	1.300464e－007	(7.493126e－018, 7.543487e－018)	
I＝100	220	3	5.687s	1.275561e－007	(7.205798e－018, 7.238203e－018)	7.881
True	220	3	5.937s	1.244711e－007	(7.460647e－018, 7.446929e－018)	
I＝400	220	3	6.063s	1.242711e－007	(7.423156e－018, 7.426941e－018)	0.770
True	220	3	5.047s	9.784675e－007	(5.070739e－017, 5.315152e－017)	
I＝800	220	3	5.016s	9.787095e－007	(5.069980e－017, 5.321421e－017)	0.132

续表

	n	Iter	Cpu time	Res.	val.	R.（%）
True	220	3	5.469s	3.792017e-017	(2.151839e-017, 2.321146e-017)	
I=1500	220	3	5.500s	3.791116e-007	(2.150755e-017, 2.320022e-017)	0.098
True	220	3	5.859s	1.571641e-007	(8.018900e-018, 7.946032e-018)	
I=3000	220	3	5.906s	1.571309e-007	(8.014898e-018, 7.942426e-018)	0.095
True	220	3	5.609s	2.165075e-007	(1.371342e-017, 1.398419e-017)	
I=10000	220	3	5.672s	2.165126e-007	(1.371413e-017, 1.398510e-017)	0.011
True	600	4	4m: 3.422s	1.531605e-007	(1.228543e-014, -1.775346e-014)	
I=100	600	6	5m: 59.828s	3.689696e-006	(2.087035e-015, 9.671688e-016)	188.4
True	600	3	2m: 56.890s	8.087113e-007	(6.133070e-017, -3.267165e-017)	
I=400	600	3	2m: 52.828s	8.546565e-007	(5.928968e-017, -1.992073e-017)	42.35
True	600	3	3m: 32.984s	6.115327e-007	(6.037771e-017, 6.138795e-017)	
I=800	600	3	3m: 9.156s	6.112422e-007	(6.031930e-017, 6.132204e-017)	0.204
True	600	3	2m: 53.250s	8.680026e-007	(7.917288e-017, 8.034332e-017)	
I=1500	600	3	3m: 4.188s	8.682159e-007	(7.915352e-017, 8.037108e-017)	0.151
True	600	4	4m: 32.412s	4.266158e-009	(2.135589e-018, -3.411568e-019)	
I=3000	600	4	4m: 27.120s	4.267249e-009	(2.132036e-018, -3.411769e-019)	0.052
True	600	3	3m: 57.594s	8.086830e-007	(6.306282e-017, 6.060038e-017)	
I=10000	600	3	3m: 56.781s	8.087575e-007	(6.307408e-017, 6.061029e-017)	0.034

表 5-3　例 5.3 的计算结果

	n	Iter.	Cpu time	Res.	val.	R.（%）
True	30	3	0.031s	2.019733e-008	(9.813696e-019, 1.040572e-018)	
I=100	30	3	0.078s	2.049538e-008	(1.010806e-018, 1.069694e-018)	5.798
True	30	3	0.016s	5.312219e-008	(2.097813e-018, 2.195437e-018)	
I=400	30	3	0.093s	5.305464e-008	(2.088583e-018, 2.187855e-018)	0.785
True	30	3	0.015s	1.439504e-008	(5.020957e-019, 5.428572e-019)	
I=800	30	3	0.047s	1.437066e-008	(5.002641e-019, 5.410332e-019)	0.700
True	30	3	0.016s	2.444657e-008	(1.237078e-018, 1.223965e-018)	
I=1500	30	3	0.016s	2.442652e-008	(1.235121e-018, 1.222194e-018)	0.302

续表

	n	Iter.	Cpu time	Res.	val.	R. (%)
True	30	3	0.016s	2.407508e-008	(3.693844e-019, 4.231419e-019)	
I=3000	30	3	0.031s	2.407454e-008	(3.695873e-019, 4.234023e-019)	0.116
True	30	3	0.015s	1.841390e-008	(8.488620e-019, 9.283090e-019)	
I=10000	30	3	0.031s	1.841424e-008	(8.488254e-019, 9.283386e-019)	0.007
True	110	3	0.984s	1.416217e-007	(8.328954e-018, 8.484333e-018)	
I=100	110	3	0.922s	1.440130e-007	(8.598365e-018. 8.765291e-018)	6.546
True	110	3	0.937s	2.322627e-007	(1.486311e-017, 1.507451r-017)	
I=400	110	3	0.844s	2.329930e-007	(1.494692e-017, 1.517342e-017)	1.220
True	110	3	0.875s	3.412178e-007	(2.116043e-017, 2.238018e-017)	
I=800	110	3	0.843s	3.420331e-007	(2.126059e-017, 2.248947e-017)	0.961
True	110	3	0.860s	1.822330e-007	(1.222152e-017, 1.214602e-017)	
I=1500	110	3	0.890s	1.823720e-007	(1.224192e-017, 1.216676e-017)	0.337
True	110	3	0.844s	1.742814e-007	(9.352539e-018, 8.878461e-018)	
I=3000	110	3	0.875s	1.743165e-007	(9.356694e-018, 8.880781e-018)	0.070
True	110	3	0.829s	3.112869e-007	(2.111495e-017, 1.971331e-017)	
I=10000	110	3	0.859s	3.113072e-007	(2.111829e-017, 1.971498e-017)	0.024
True	220	3	6.281s	6.723223e-007	(6.497641e-017, 6.601026e-017)	
I=100	220	3	6.281s	6.649755e-007	(6.354407e-017, 6.448097e-017)	4.521
True	220	3	6.562s	3.519526e-007	(3.347016e-017, 3.382161e-017)	
I=400	220	3	6.641s	3.511809e-007	(3.331057e-017, 3.368698e-017)	0.874
True	220	3	6.141s	5.256792e-007	(4.508678e-017, 4.383344e-017)	
I=800	220	3	6.141s	5.249738e-007	(4.497835e-017, 4.371268e-017)	0.515
True	220	3	6.453s	4.707272e-007	(4.482278e-017, 4.318142e-017)	
I=1500	220	3	6.421s	4.709044e-007	(4.485510e-017, 4.321188e-017)	0.142
True	220	3	8.828s	7.821468e-007	(7.910884e-017, 7.938014e-017)	
I=3000	220	3	9.687s	7.819767e-007	(7.907613e-017, 7.934691e-017)	0.083
True	220	3	5.907s	2.815511e-007	(2.969902e-017, 3.005571e-017)	
I=10000	220	3	5.922s	2.815454e-007	(2.969748e-017, 3.005405e-017)	0.010
True	600	4	3m: 56.667s	1.181689e-007	(-9.436265e-016, 1.919923e-015)	
I=100	600	3	3m: 35.589s	4.153469e-007	(-1.615264e-016, 1.300551e-017)	182.2

续表

	n	*Iter*	*Cpu time*	*Res.*	*val.*	*R.*（%）
True	600	4	3m：51.187s	3.417294e－008	（3.971997e－016，－9.124725e－017）	
I＝400	600	4	3m：50.974s	2.552139e－008	（1.647348e－016，－7.569939e－017）	75.56
True	600	4	3m：56.096s	1.545255e－008	（－1.248754e－017，2.468005e－018）	
I＝800	600	4	3m：56.163s	1.257359e－008	（－1.473003e－017，1.560014e－018）	54.74
True	600	4	3m：28.047s	2.065190e－009	（－3.439558e－019，－1.461149e－018）	
I＝1500	600	4	3m：24.469s	1.987534e－009	（－4.484842e－019，－1.585201e－018）	38.88
True	600	4	4m：33.422s	4.594158e－009	（2.135589e－018，－3.411568e－019）	
I＝3000	600	4	4m：28.110s	4.666249e－009	（2.172036e－018，－4.231769e－019）	25.74
True	600	4	3m：9.922s	3.175095e－009	（－5.758636e－019，1.119563e－018）	
I＝10000	600	4	3m：7.422s	3.187810e－009	（－5.874862e－019，1.189790e－018）	8.291

例 5.4 这个算例同第 4 章中的例 4.3。我们设初始点为 $y^j=0$，$x^i=0$ 和 $p=0$，终止准则为 Tol.：$=10^{-3}$，符号 Res. 表示 $\varphi^I(\cdot)$ 的余量，数值结果在表 5－4 中给出，随着样本容量 I 的增大，p 的值趋于收敛，聚点约为$(0.2, 0.2, 0.2, 0.2, 0.2)^T$。

表 5－4 例 5.4 的计算结果

I	*CPU time*	*Res.*	p
5	0m1.200786s	6.017395e－003	（0.1787862，0.1722530，0.1978056，0.246073，0.2051079）
10	0m1.872799s	3.943910e－003	（0.1814167，0.1754703，0.1983466，0.2400870，0.2046794）
50	0m3.496197s	9.334072e－004	（0.1874119，0.1831193，0.199145，0.2270141，0.2033401）
100	0m4.918082s	9.988970e－004	（0.1874168，0.1831259，0.199169，0.2270041，0.2033363）
500	0m5.377690s	4.687984e－004	（0.1982551，0.1976502，0.1998510，0.2038270，1.2004168）

5.4 本章小结

本章首先构造了随机广义纳什均衡问题的 SAA 模型，其次将 SAA 模型的 Karush – Kuhn – Tucker 系统转化成相应的等式系统，并在一定条件下证明了 SAA 模型的稳定点序列以概率一指数收敛于真问题的稳定点。对一个样本容量确定的 SAA 模型，在 SGENP – LICQ 和 SGNEP – SOSC 下证明了当真问题的约束函数强可加时，等式系统在真问题解点处的 Clarke 广义微分是非奇异的。最后给出数值算例，说明用光滑牛顿法求解随机广义纳什均衡问题较为有效。通过以上算例我们可以看出，对于随机广义纳什均衡问题的求解，采用 SAA 方法和光滑牛顿法结合的方法也能达到与第 3 章方法同样有效的计算效果，而且与第 3 章的惩罚方法比较起来，直接采用光滑牛顿法在速度上有更大优势。

第3部分
广义纳什均衡问题实务介绍

6 Bot 模式下道路收费的广义纳什均衡模型

BOT（Build – Operate – Transfer，建设—运营—转让）模式指私营企业参与基础设施建设并向社会提供公共服务，在我国也称为“特许权”。特许期满，私人企业要将该基础设施无偿或有偿移交给政府。

道路收费发生在 BOT 公路的运营（Operate）阶段。运营商确定各自承包路线的票价，以期获取最大收入。同时，出行者也将参考道路收费价格及其他出行因素（如路线长短、是否拥堵等）选择路线，以最大限度减少出行成本（广义的成本，包括花费的时间）。最终，道路流量达到均衡，杜绝了拥堵与道路闲置问题。本章以此为背景，通过分析运营商和出行者的行为，建立 BOT 模式下道路收费的随机广义纳什均衡模型，求解得出均衡状态下道路网络的流量和收费价格。

6.1 建模假设与符号说明

道路网络包括交叉口、路段、路径。本书将相邻两个交叉口之间的路线称为路段，将出行起点与终点（OD 对）之间的路线称为路径。

在建立模型之前，本章作如下假设：①道路交通成本固定；②运营商是经济理性的；③运营商对路网的运行状况没有完备信息；④出行者选择道路具有弹性；⑤每个路段上的出行流稳定；⑥每个线路上的交通容积有限；⑦不同路线可能有相同路段。

符号说明：

$\bar{K}$：K 个运营商的集合。

L_k：第 k 个运营商经营线路的集合。

A_s：路段 s 的集合。

W：OD 对的集合，$W=\{w\}$。

q^w：OD 对 w 上的出行需求量。

R^w：OD 对 w 上的路径集合。

h_r^w：路径 $r \in R^w$ 上的流量。

c_r^w：OD 对 w 之间第 r 条路径的出行成本。

c^w：OD 对 w 之间最小出行成本。

v_s^l：表示线路 l 通过路段 s 时的流量。

x_s^l：表示乘客在路段 s 上，选择线路 l 的概率。

p_s^l：表示线路 l 在路段 s 间的票价。

v_s：表示路段 s 上的出行流量。

$v = \{v_s\}$：表示路段流量向量。

v_s^k：表示路段 s 上属于运营商 k 的路段上的流量向量。

v_s^{-k}：表示路段 s 上属于其他运营商的路段上的流量向量。

p_s^k：表示路段 s 上属于运营商 k 的路段上的费用向量。

p_s^{-k}：表示路段 s 上属于其他运营商的路段上的费用向量。

$\delta_{s,r}^w$：连接关系变量，当路径 r 包含路段 s 时为1；否则为0。

6.2　模型构建

道路收费价格、出行流量对运营商的收益存在较复杂的影响。道路收费价格越高，出行成本增加越多，出行者向其他低收费道路分流，当前道路出行流量减小，甚至会出现道路流量远小于道路容积，道路资源存在浪费，当前道路运营商的收益减少；道路收费价格越低，出行流量越大，如果出行流量大于道路容积，将引起交通拥堵，当前道路通过速度减小，考虑时间因素，出行成本增加，出行者向其他高收费道路分流，运营商总收益同样变小。

6.2.1 道路运营商的收益模型

6.2.1.1 道路运营商的收益分析

路网中，不同运营商负责不同路线。由于高出行成本（高收费价格或拥堵耗时）会促使当前道路的出行流量分流到其他路段，所以运营商之间存在着竞争关系。

假设 OD 对之间有两条不同的道路（如图 6－1 所示），每条道路由不同的运营商承包。出行者会根据自己的出行经验和道路情况（如道路远近、是否拥堵、收费价格、路况等）选择不同路线，这种行为可由 Logit 模型描述：

$$v_i = \frac{\exp(-\bar{\theta}(c_i + \lambda p_i))}{\exp(-\bar{\theta}(c_1 + \lambda p_1)) + \exp(-\bar{\theta}(c_2 + \lambda p_2))} \quad (6-1)$$

其中，c_i 是道路收费外的出行成本（如通过时长），p_i 是第 i 条道路的收费价格，v_i 是第 i 条道路的流量，v 是 OD 对的总流量，$\bar{\theta}$表示出行者对各路段出行成本的了解程度，λ 是道路收费外的出行成本与道路收费价格的转换因子。

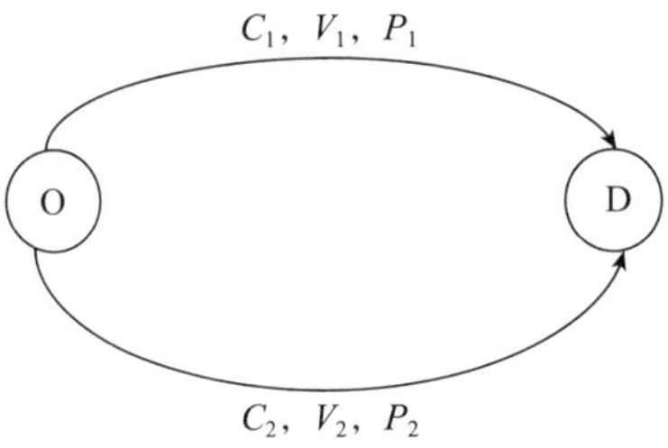

图 6－1 有两条路线的 OD 对

那么，第 i 个运营商的收益为

$$R_i = v_i p_i \tag{6-2}$$

因为 R_i 关于 p_i 非凹，由式（6－1）和式（6－2）可得：

$$\begin{aligned} p_1 &= -\frac{1}{\lambda}c_1 + \frac{1}{\lambda\overline{\theta}}(\ln(v - v_1) - \ln v_1 - \ln\exp(-\overline{\theta}(c_2 + \lambda p_2))) \\ &= -\frac{1}{\lambda}(c_1 - c_2) + p_2 + \frac{1}{\lambda\overline{\theta}}(\ln v_2 - \ln v_1) \end{aligned} \tag{6-3}$$

由式（6－3）可知，如果给定 p_2 和 v_2，那么 p_1 由 v_1 决定，同理，如果给定 p_1 和 v_1，p_2 由 v_2 决定。而且，两个运营商的均衡解（v_1^*，p_1^*）和（v_2^*，p_2^*）存在以下关系

$$R_1(v_1^*, v_2^*, p_2^*) \geqslant R_1(v_1, v_2^*, p_2^*),\ 0 \leqslant v_1 \leqslant v - v_2^* \tag{6-4}$$

$$R_2(v_2^*, v_1^*, p_1^*) \geqslant R_2(v_2, v_1^*, p_1^*),\ 0 \leqslant v_2 \leqslant v - v_1^* \tag{6-5}$$

由式（6－3）可知，当 λ 趋于无穷大时，$p_1 = p_2$。也就是说，如果道路趋于拥堵，那么票价将趋于相等。当 $\overline{\theta}$ 增大时，也即出行者对道路通行状况更了解时，两条路线的流量差异对票价的影响逐渐减小。综上可知，p_1 和 p_2 之间是非线性的，道路价格随 $\overline{\theta}$ 增大而减小，两条路线的收费价格差异将随着通过时间的差异增大而增大。

6.2.1.2 道路运营商的收益函数

设道路网由 K 个运营商承包，每个 OD 对的总出行量固定。根据式（6－1），路段 s 被线路 $l \in L_s$ 选中的概率是

$$x_s^l = \frac{e^{-\overline{\theta}(c_s^l + \lambda p_s^l)}}{\sum_{j \in D_s} e^{-\overline{\theta}(c_s^j + \lambda p_s^j)}} \tag{6-6}$$

其中，D_s 是通过路段 s 的全部线路的集合，c_s^l 是线路 l 在路段 s 上不包括道路收费的出行成本，λ 是不包括道路收费的出行成本与道路收费价格的转换因子，p_s^l 是线路 l 通过路段 s 的票价。

设路段 s 的总流量为 v_s，则线路 l 对路段 s 贡献的流量是

$$v_s^l = x_s^l v_s = \frac{e^{-\bar{\theta}(c_s^l+\lambda p_s^l)}}{\sum_{j\in A_s} e^{-\bar{\theta}(c_s^l+\lambda p_s^j)}} v_s \tag{6-7}$$

那么，运营商 $k\in K$ 在路段 s 获得的收入是

$$R_s^k = \sum_{l\in D_s\cap L_k} v_s^l p_s^l \tag{6-8}$$

其中，$D_s\cap L_k$ 表示所有由第 k 个运营商负责的经过路段 s 的线路集合。

由式（6－8）可知，出行流量 v_s^l 和道路价格 p_s^l 之间存在一定的关系。令

$$X_s^{-k} = \sum_{j\in D_s, j\notin L_k} e^{-\bar{\theta}(c_s^j+\lambda p_s^j)} \tag{6-9}$$

其中，X_s^{-k} 表示除第 k 个运营商外的其他运营商的对应量。同时，令

$$X_s^{-l} = \sum_{j\in D_s\cap L_k, j\neq l} e^{-\bar{\theta}(c_s^j+\lambda p_s^j)} \tag{6-10}$$

其中，X_s^{-l} 表示除线路 l 外的其他路线的对应量。那么，表达式（6－7）可整理成

$$v_s^l = \frac{e^{-\bar{\theta}(c_s^l+\lambda p_s^l)}}{X_s^{-k}+X_s^{-l}+e^{-\bar{\theta}(c_s^l+\lambda p_s^l)}} v_s \tag{6-11}$$

令

$$\overline{v_s^k} = \sum_{j \in A_s \cap L_k} v_s^j = \frac{X_s^{-l} + e^{-\overline{\theta}(c_s^l + \lambda p_s^l)}}{X_s^{-k} + X_s^{-l} + e^{-\overline{\theta}(c_s^l + \lambda p_s^l)}} v_s \qquad (6-12)$$

表示第 k 个运营商承包的全部路线对路段 s 的流量贡献。由式（6－11）和式（6－12）得：

$$p_s^l = -\frac{1}{\lambda}(t_s^l + u_s^l) + \frac{1}{\lambda\,\overline{\theta}}(\ln(v_s - \overline{v_s^k}) - \ln v_s^l - \ln X_s^{-k}) \qquad (6-13)$$

即出行流量 v_s^l 和票价 p_s^l 之间的关系。

假设其他运营商的价格是 p_s^{-k}，那么第 k 个运营商在路段 s 上的总收益为：

$$R_s^k(v_s^k, p_s^{-k}) = \sum_{l \in A_s \cap L_k} v_s^l \left(-\frac{1}{\lambda} \cdot c_s^l + \frac{1}{\lambda\,\overline{\theta}}(\ln(v_s - \overline{v_s^k}) - \ln v_s^l - \ln X_s^{-k}(p_s^{-k})) \right) \qquad (6-14)$$

其中，v_s^k 表示经过路段 s 属于第 k 个运营商的流量，p_s^{-k} 表示除第 k 个运营商外其他运营商的道路价格，X_s^{-k} 表示与其他运营商的价格 p_s^{-k} 有关的量。

所以，第 k 个运营商的收益等于每一路段所获得的收益总和，可以表达为：

$$\max_{v^k} U^k(v^k, v^{-k}, p^{-k}) = \sum_{s \in S} R_s^k(v_s^k, v_s^{-k}, p^{-k})$$

$$\text{s. t.} \begin{cases} 0 \leqslant v_s^l \leqslant \overline{v_s^k}, & l \in A_s \cap L_k, s \in S \\ \overline{v_s^k} + \overline{v_s^{-k}} = v_s, & s \in S \end{cases} \qquad (6-15)$$

这里，v_s^{-k} 表示路段 s 上由运营商 k 之外其他运营商负责的出行流量。

6.2.2 出行者的出行选择模型

出行道路选择在出行者之间是相互影响的。假设出行者从始发地到目的地有多个路径选择，根据交通配流理论，出行者一般遵循 Wardrop 原则做出选择。如果众多出行者偏向选择同一路径，那么这条路径的出行流量就会逐渐增加，道路逐渐饱和，出行成本也会随之增加。当这条路径饱和程度达到一定比例，已不再是最优出行选择时，部分出行者将选择其他路径。当所有出行者都不能够选择出行成本更低的路径时，我们称 OD 对达到了一种均衡。

6.2.2.1 出行者的出行约束条件

对于一般的道路出行，出行者的实际成本与预期成本存在一定偏差，这个偏差是服从 Gumbel 分布的随机变量。假定票价 p 已确定，设 $A=\{a_{sr}\}$ 是路段—路径关联矩阵，其中

$$a_{sr}=\begin{cases}0, & \text{当路段 } s \text{ 不在路径 } r \text{ 上}\\ 1, & \text{当路段 } s \text{ 在路径 } r \text{ 上}\end{cases} \tag{6-16}$$

那么路段 s 上的出行流量 v_s 同路径 r 上的流量 h_r^w 有如下关系：

$$v_s = \sum_{w \in W}\sum_{r \in R_w} a_{sr}h_r^w, \forall s \in S \tag{6-17}$$

令 $B=\{b_{rw}\}$ 表示路径 OD 对关联矩阵，其中

$$b_{rw}=\begin{cases}0, & \text{当路径 } r \text{ 不在 OD 对 } w \text{ 上}\\ 1, & \text{当路径 } r \text{ 在 OD 对 } w \text{ 上}\end{cases} \tag{6-18}$$

那么，OD 对 w 的出行需求 q^w 与路径 r 的流量 h_r^w 存在关系

$$q^w = \sum_{r \in R_w} b_{rw}h_r^w, \forall w \in W \tag{6-19}$$

由于每条路径的交通流量有限，因此每个路段的交通流量不能超过容限。令 $\Gamma=\{\gamma_{ls}\}$，其中

$$\gamma_{ls}=\begin{cases}0, & \text{当路线 } l \text{ 不通过路段 } s\\ 1, & \text{当路线 } l \text{ 通过路段 } s\end{cases} \tag{6-20}$$

假设路线 l 上的流量容限为 k_l，则路线 l 上路段 s 的出行流量 v_s^l 满足

$$v_s^l=\sum_{w\in W}\sum_{r\in R_w}\sum_{s\in S}\gamma_{ls}x_s^l a_{sr}h_r^w\leqslant k_l \tag{6-21}$$

其中，$\gamma_{ls}x_s^l=\overline{\gamma}_{ls}$，$\overline{\Gamma}=\{\overline{\gamma}_{ls}\}$，$k=\{k_l\}$。

综上所述，出行者配流问题需满足以下约束

$$\begin{cases}q^w=\sum\limits_{r\in R_w}b_{rw}h_r^w,\ \forall w\in W\\ v_s=\sum\limits_{w\in W}\sum\limits_{r\in R_w}a_{sr}h_r^w,\ \forall s\in S\\ h_r^w\geqslant 0\end{cases} \tag{6-22}$$

6.2.2.2 出行者的出行成本函数

设 c_r^w 为出行者在路径 r 上的实际出行成本，那么出行者预期成本为

$$C_r^w=c_r^w+\xi_r^w \tag{6-23}$$

其中，ξ_r^w 是服从 Gumbel 分布且独立同分布的估计误差，且满足 $E[\xi_r^w]=0$。显然，$E[C_r^w]=c_r^w$，即出行者预期出行成本的平均期望值等于实际出行成本。

假设 OD 对 w 的出行需求是关于期望出行成本的严格单调递减函数且可微，我们将其表达为：

$$q^w = G_w[\bar{S}_w(c_w)] \tag{6-24}$$

这里，$\bar{S}_w(c_w)$ 是 OD 对 w 上预期的最小平均出行成本，特别地，Ben－Akiva 和 Lerman（1985）提出：

$$\bar{S}_w(c_w) = E[\min\{C_r^w\}] = -\frac{1}{\bar{\theta}}\ln\sum_{r\in R_w}\exp(-\bar{\theta}c_r^w) \tag{6-25}$$

因为出行者的平均出行成本与交通流量密切相关，因此 OD 对间的出行需求量是最小平均出行成本的函数，表达为：

$$q^w = G_w(\bar{S}_w) = q_0^w\exp(-\beta\bar{S}_w) \tag{6-26}$$

其中，q_w^0 是 OD 对 w 上的最大需求量，β 是预期出行成本的敏感参数。经推导，出行成本函数可表达为：

$$\frac{1}{\bar{\theta}}\sum_{w\in W}\sum_{r\in \mathbf{R}_w}h_r^w(\ln h_r^w - 1) - \frac{1}{\bar{\theta}}\sum_{w\in W}q^w(\ln q^w - 1) + \sum_{s\in S}c_s v_s - \sum_{w\in W}\int_0^{q^w}G_w^{-1}(y)\,\mathrm{d}y \tag{6-27}$$

综上所述，表述出行者之间出行需求相互影响的模型为：

$$\min_{h\in H}\frac{1}{\bar{\theta}}\sum_{w\in W}\sum_{r\in \mathbf{R}_w}h_r^w(\ln h_r^w - 1) - \frac{1}{\bar{\theta}}\sum_{w\in W}q^w(\ln q^w - 1) + \sum_{s\in S}c_s v_s - \sum_{w\in W}\int_0^{q^w}G_w^{-1}(y)\,\mathrm{d}y$$

$$s.t.\begin{cases} q^w = \sum_{r\in \boldsymbol{R}_w} b_{rw}h_r^w, \forall w \in W \\ v_s = \sum_{w\in W}\sum_{r\in \boldsymbol{R}_w} a_{sr}h_r^w, \forall s \in S \\ h_r^w \geq 0 \end{cases} \tag{6-28}$$

6.3　Bot 模式下道路运营的广义纳什均衡分析

在实践中，出行者的出行成本不仅受其他出行者出行选择行为的影响，而且也受运营商道路定价水平的影响；反过来，运营商的运营收益不仅受其他运营商定价水平的影响，也会受到出行者道路选择行为的影响。以下我们对前述运营商的收益模型和出行者的出行选择模型进行分析。

对于运营商的收益模型：

$$\max_{v^k} U^k(v^k, v^{-k}, p^{-k}) = \sum_{s\in S} R_s^k(v_s^k, v_s^{-k}, p^{-k})$$

$$\text{s. t.} \begin{cases} 0 \leqslant v_s^l \leqslant \overline{v_s^k}, & l \in A_s \cap L_k, s \in S \\ \overline{v_s^k} + \overline{v_s^{-k}} = v_s, & s \in S \end{cases} \tag{6-29}$$

将约束条件合并为：

$$0 \leqslant v_s^l \leqslant v_s - \overline{v}_s^{-k},\ l \in A_s \cap L_k,\ s \in S \tag{6-30}$$

并用 Ω^k 表达，显然集合 Ω^k 取决于向量 v^{-k}。那么运营商的收益模型可简写为：

$$\max_{v^k \in \Omega^k(v^{-k})} U^k(v^k,\ v^{-k},\ p^{-k}) \tag{6-31}$$

为方便书写，记 $y^k = (v^k,\ p^k)$，$y^{-k} = (v^{-k},\ p^{-k})$，$y = (y^k,\ y^{-k})$，式（6－31）可简化为：

$$\max_{y^k \in \Omega^k(y^{-k})} U^k(y^k, y^{-k}) \tag{6-32}$$

以上结合出行者的出行选择模型：

$$\min_{h \in H} \frac{1}{\theta} \sum_{w \in W} \sum_{r \in \boldsymbol{R}_w} h_r^w (\ln h_r^w - 1) - \frac{1}{\theta} \sum_{w \in W} q^w (\ln q^w - 1) + \sum_{s \in S} c_s v_s - \sum_{w \in W} \int_0^{q^w} G_w^{-1}(y) dy$$

$$\text{s. t.} \begin{cases} q^w = \sum_{r \in \boldsymbol{R}_w} b_{rw} h_r^w, \forall w \in W \\ v_s = \sum_{w \in W} \sum_{r \in \boldsymbol{R}_w} a_{sr} h_r^w, \forall s \in S \\ h_r^w \geqslant 0 \end{cases} \tag{6-33}$$

可以看出，运营商的道路价格决策空间 Ω^k 取决于其他运营商的道路价格与出行者流量；同时，出行者的出行路径选择又取决于其他出行者的路径选择和运营商确定的道路价格。因此，以上是一个典型的广义纳什均衡问题，策略集可以表示为 $\Omega = (y^k, y^{-k})$，其中 $y^k = (v^k, p^k)$，$y^{-k} = (v^{-k}, p^{-k})$。寻求均衡解 (y^{k*}, y^{-k*})，能够使运营系统达到一种均衡状态，实现运营商的收益最大化、出行者的出行成本最小化以及道路资源的合理使用。

6.4 本章小结

道路交通常常出现局部拥堵或近乎闲置的情况，这种不均衡现象不仅严重影响人们的日常生活，而且还造成社会资源的极大浪费。根据经济学的描述，当资源达到供需均衡的状态时，能够得到最优的配置。因此，寻求道路资源的均衡状态，使道路交通得到合理利用，是道路收费的重要功能之一。

在 BOT 公路的运营（Operate）阶段，运营商确定各自承包路线的票价，以期获得最大收益，出行者通过道路收费价格及其他出行因素（如路线长短、是否拥堵等）选择路线，以最大限度减少出行成本（广义的成本，包括花费的时间），最终道路流量达到均衡，杜绝了拥堵与道路闲置问题。在这个运营系统中，道路收费价格和道路流量两个因素互相依赖，使各方的决策目标和决策空间同时依赖于其他主体，构成了典型的广义纳什均衡问题。

7 天然气市场定价的广义纳什均衡模型

我国天然气产业起步较晚，早期关于天然气市场定价机制主要以垄断性定价为主，一般以成本加成定价、市场净回值定价相结合政府指导定价的方法来对天然气市场进行定价。2015 年 11 月，国家发展改革委员会将天然气基准价格由 2.88 元/立方米降低为 2.18 元/立方米，减小了与天然气理论基准价格（1.99 元/立方米）之间的差距。随后在《关于深化天然气价格市场化改革的意见》中提出，天然气定价机制改革的目标是政府放开对气源和销售价格的管制，对具有自然垄断管道运输价格进行必要的监管。该目标有望在“十三五”期间实现。

我国天然气资源集中分布在鄂尔多斯、四川、塔里木、渤海湾、松辽、柴达木、准格尔、莺歌海、渤海海域和珠江口十大盆地，其中可采集天然气资源量约 184000 亿立方米，占全国天然气资源量的 83.64%。从地理环境的角度分析，我国可采集天然气资源集中分布在浅海、山地、平原、沙漠、戈壁等地区。管道运输因具有节能、低耗、安全的特点而成为天然气通向市场的主要运输方式。天然气管道运输价格主要包括配送气体成本以及管线网络的建设与维护，我国目前采用“老线老价，一线一价”的天然气管输定价原则，以市场净回值定价为基础，并与液化天然气和其他进口燃料价格相挂钩的定价体制，在一定程度上推动了天然气市场化改革。

总之，我国天然气的定价机制由最初的政府指导定价开始向天然气市场化定价转变。充分了解天然气市场的供需特点，建立天然气与可替代能源价格变化相适应的气体定价机制是我国天然气价格市场化改革的关键。

7.1　问题描述与建模假设

天然气市场可定义为通过相关企业的生产、运输、存储、分销和消费等行为将天然气从开采转换成产品，并运送分销到最终用户使用的过程。因此，一条完整的天然气供应网络系统应包含生产、运输、存储、分销与消费五个环节。由于天然气消费波动大，需要调峰，故与通常运输系统的定义不同，可根据气体在不同季节的消费状况设立储存环节。

天然气市场是一个包含多个利益主体的多层次网络动态系统，市场中各运营主体之间存在供给与需求的关系。各方运营主体追求独立的目标，并且都会随时间发生变化。天然气市场内各运营主体之间既有竞争，也有相互协调，如何刻画这种对立统一的关系是建立天然气市场定价模型的关键。由于天然气各环节主体复杂，为了建模方便，下面对天然气市场做如下假设：

（1）天然气市场 $G=[N, L(n)]$ [N 表示生产或消费节点，$L(n)$是管道的集合]，定向弧 $l\in L(n)$ 的两端分别为生产节点与消费节点。其中，生产商位于生产节点，存储运营商、高峰运营商、市场营销商和消费者位于消费节点。

（2）在对天然气市场中各方运营商进行建模时，假设研究周期 y 为一年，参考张中秀（2009）对我国燃气负荷规律性的研究，将天然气的需求水平划分为三个阶段 $s=1, 2, 3$，其中：

$s=1$，表示低需求用气阶段，通常为 4～10 月；

$s=2$，表示高需求用气阶段，通常为 11 月至次年 3 月（1 月除外）；

$s=3$，表示用气高峰阶段，通常为 1 月。

（3）在实践中，生产商、管道运营商、存储运营商、高峰运营商以及市场营销商这些经济主体可能会属于同一利益集团，但为了模型的普适性，本书分别对五大经济主体建模。

（4）我国天然气消费市场中存在多种类型的用户，不同类型的用户在可靠性、供气连续性、价格承受能力和需求弹性等方面表现出很大的差异。根据目前我国气体消费结构的特点，将消费者按照用户的类型划分为城市燃气、化工、工业燃料、发电四大部分。

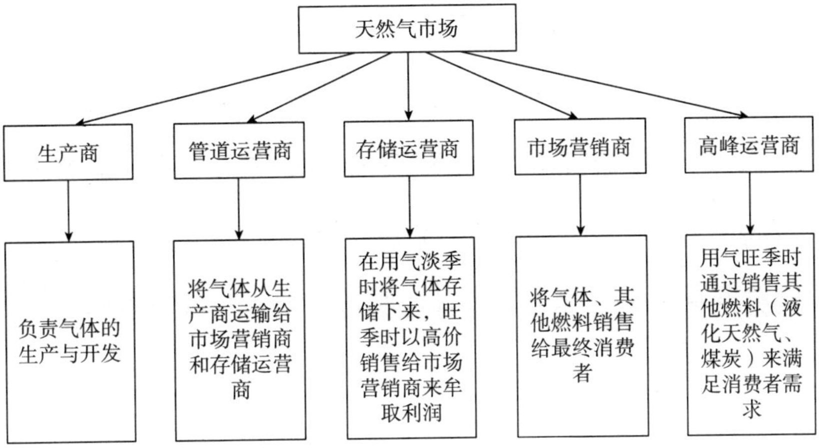

图 7-1　天然气市场

7.2　模型构建

7.2.1　生产商行为模型

生产商通过生产天然气产品获取利益，其利润取决于产量和销售价格，同时还要扣除天然气的生产成本。生产商的决策对其他运营商有重要影响，而且生产商决策之间的相互作用产生了一种竞争，在这种竞争模式下，他们各自追求利润最大化。假设生产运营商 c 在季节 s 的气体生产量 q_{cs} 是内生变量，在一年范围内，由于没有新气井的开发，生产商生产气体的能力是有上限的，即 $q_{cs} \leqslant \bar{q}_c$；同时生产商在一年内的生产能力也存在一个上限，即 $\sum_{s=1}^{3} d_s q_{cs} \leqslant Prod_c$；假设生产商的生产成本函数 $f_c(q_{cs})$ 是关于气体生产量的函数，随着气体产量的提升，需要投入更多的设备、人力等生产要素，生产成本会上升，则生产商 c 的目标函数及对应的约束条件可表示如下：

$$\max \sum_{s=1}^{3} \left[d_s \pi_{ns} q_{cs} - d_s f_c(q_{cs}) \right]$$

$$\text{s. t.} \begin{cases} q_{cs} \leqslant \bar{q}_c \\ \sum_{s=1}^{3} d_s q_{cs} \leqslant Prod_c \\ q_{cs} \geqslant 0, \forall s = 1,2,3 \end{cases} \tag{7-1}$$

7.2.2 管道运营商行为模型

天然气资源主要通过管道运输的方式从生产开发企业输送至终端消费用户手中。在管道运输过程中，管道运营商通过收取管道运输费来获利。2016 年 10 月国家发展改革委员会在《天然气管道运输价格管理办法（试行）》与《天然气管道运输定价成本监审办法（试行）》中指出，我国天然气实行市场化改革的目标是“放开两头，管住中间”，即天然气生产与销售价格由市场竞争形成，政府只对管道运输价格实行必要的监管。因此在管道运营商主体行为分析中考虑政府监管（τ_{ls}^{reg}）这一因素的影响。由于管道容量的有限性，生产运营商每天所运输的气体流量 f_{ls} 会有一个上限，即存在$f_{ls} \leqslant \bar{f}_l$。综合以上分析，管道运营商的目标函数及约束条件可表示如下：

$$\max \sum_{s=1}^{3} d_s(\tau_{ls} + \tau_{ls}^{reg}) f_{ls}$$
$$\text{s.t.} \begin{cases} f_{ls} \leqslant \bar{f}_l, \\ f_{ls} \geqslant 0, \forall l \in L(n), \forall s = 1,2,3 \end{cases} \tag{7-2}$$

7.2.3　存储运营商行为模型

由于天然气的消费波动较大，因此在天然气市场中设立存储环节。存储运营商的主要功能是在季节1以低成本获得气体，季节2、季节3以高价售出来牟取利润。其利润主要取决于存储运营商的售气价格、存储成本以及管道运营商的运输成本。

假设存储运营商r在季节2、季节3的气体日销量x_{rs}是内生变量，为了保证在季节2、季节3都有气体售出，存储运营商r的日销售量是有上限的，即$x_{rs} \leqslant \bar{x}_r$；由于天然气的需求具有高度的季节性，管道运营商在用气淡季（即季节1）会将一部分气体运输给市场营销商供其销售，一部分运输给存储运营商供其存储，为了均衡两者的关系，存储气体会存在一个上限，即$\sum_{l \in L(n)} g_{lr} \leqslant \bar{g}_r$；由于在运输过程中存在损耗$e_l$，存储运营商$r$在季节1获得气体的总量可表示为$d_1 \sum_{l \in L(n)} g_{lr}(1 - e_l)$，而在气体存储压缩过程中存储运营商也会消耗一部分气体（e_r）。由此，存储运输商购买气体量与存储销售气体量存在一个等量关系，即$\sum_{s=2}^{3} d_s x_{rs} = d_1 \sum_{l \in L(n)} g_{lr}(1 - e_l)(1 -$

e_r)；存储运营商 r 的存储成本函数$f_r(\sum_{l\in L(n)} g_{lr})$ 是关于气体存储量的函数，随着气体存储量的上升，需要投入更多的设备、人力等生产要素，气体存储成本会升高。综合以上分析，存储运营商 r 的目标函数及约束条件可表示如下：

$$\max\left[\sum_{s=2}^{3} d_s\gamma_{ns}x_{rs} - d_1 f_r\left(\sum_{l\in L(n)} g_{lr}\right) - \sum_{l\in L(n)} d_1(\tau_{l1} + \tau_{l1}^{reg} + \pi_{n1})g_{lr}\right]$$

$$\text{s. t.}\begin{cases} x_{rs} \leqslant \overline{x_r} \\ \sum_{l\in L(n)} g_{lr} \leqslant \overline{g_r} \\ \sum_{s=2}^{3} d_s x_{rs} = d_1 \sum_{a\in A(n)} g_{ar}(1 - l_a)(1 - l_r) \\ \sum_{s=2}^{3} d_s x_{rs} \leqslant \overline{k_r} \\ x_{rs} \geqslant 0 \\ g_{lr} \leqslant 0 \end{cases} \tag{7-3}$$

7.2.4 高峰运营商行为模型

根据前面的假设，高峰运营商在高需求用气阶段通过销售其他燃料（煤、液化天然气等）来获利。假设高峰运营商 p 在季节 3 的燃料日销量 w_p 存在一个上限，即 $w_p \leqslant \overline{w_p}$，高峰运营商 p 的生产成本函数$f_p(w_p)$ 是关于燃料销售量 w_p 的函数，随着销售量的提升，相应的生产成本也会升高。则高峰运营商 p 所对应的目标函数及约束条件可表示为：

$$\max[d_3(\beta_{np}w_p - f_p(w_p))]$$

$$\text{s. t.} \begin{cases} w_p \leqslant \overline{w_p} \\ w_p \geqslant 0 \end{cases} \tag{7-4}$$

7.2.5　市场营销商行为模型

市场营销商既需要从生产商、存储运营商处购买天然气，在用气高峰阶段还需从高峰运营商手中购买其他燃料来弥补天然气的供应不足，同时也要销售天然气和其他燃料给终端消费用户。市场营销商的收益来源于购买天然气和销售天然气的价格差，但市场营销商需要面对运营成本，诸如向用户配送天然气的配气成本、天然气短缺带来的调峰成本等。

市场营销商与需求市场存在紧密的联系，需求部门 k 的气体需求函数是关于市场营销商气体价格的单调减函数。假设 $f_{ns}^{k}(\cdot)$ 表示市场营销商 m 根据消费用户对气体的随机需求而确定的气体价格，消费用户 k 在市场营销商 m 处对气体需求量为 h_{ms}^{k}，其中 h_{ms}^{k} 是随机变量且假设其密度函数为 $g_{ms}^{k}(x)$，若用 $P_{ms}^{k}(x)$ 表示 $h_{ms}^{k}(x)$ 的概率分布函数，则 $P_{ms}^{k}(x) = P(h_{ms}^{k} \leqslant x) = \int_0^x g_{ms}^{k}(t)\mathrm{d}t$。

此外，根据决定市场价格的逆随机需求函数 $f_{ns}^{k}(\cdot)$ 以及消费用户对气体的随机需求量可以计算出市场营销商的利润。市场营销商向生产商购买的天然气总量与其销售给终端消费者之间存在等量关系，即 $\sum_{k=1}^{4} d_s h_{ms}^{k} - \sum_{l \in L(n)} d_s(1-e_l)h_{lms} = 0$。同时，在季节 2、季节 3 中市场营销商从存储运营商购买的存储气体与其销售给终端消费用户之间也存在等量关系，即 $\sum_{k=1}^{4} d_s\mu_{ms}^{k} - d_s\mu_{ms} = 0$。在季节 3

中市场营销商从高峰运营商购买的其他燃料与其销售给终端消费用户之间也存在等量关系，即 $d_3(v_m^1+v_m^2+v_m^3+v_m^4)-d_3v_m=0$。综合上述分析，市场营销商所对应的目标函数及约束条件可表示为：

$$
\begin{aligned}
\max \sum_{k=1}^{4} [& d_1 f_{n1}^k (h_{m1}^k + h_{-m1}^{k^*}) h_{m1}^k + \\
& d_2 f_{n2}^k (h_{m2}^k + h_{-m2}^{k^*} + \mu_{m2}^k + \mu_{-m2}^{k^*})(h_{m2}^k + \mu_{m2}^k) + \\
& d_3 f_{n3}^k (h_{m3}^k + h_{-m3}^{k^*} + \mu_{m3}^k + \mu_{-m3}^{k^*} + v_m^k + v_{-m3}^k)(h_{m3}^k + \mu_{m3}^k + v_m^k)] - \\
& \left\{ \left[\sum_{s=1}^{3} \sum_{l \in L(n)} d_s (\tau_{ls} + \tau_{ls}^{reg} + \pi_{ls}) h_{lms} \right] + d_2 \gamma_{n2} \mu_{m2} + \right. \\
& \left. d_3 \gamma_{n3} \mu_{m3} + d_3 \beta_{np} v_m \right\}
\end{aligned}
$$

$$
\text{s.t.} \begin{cases}
\sum_{k=1}^{4} d_s h_{ms}^k - \sum_{l \in L(n)} d_s (1 - e_l) h_{lms} = 0 \\
\sum_{k=1}^{4} d_s \mu_{ms}^k - d_s \mu_{ms} = 0 \\
h_{ms}^k \geqslant 0 \\
h_{lms} \geqslant 0 \\
\mu_{ms}^k \geqslant 0 \\
\mu_{ms} \geqslant 0 \\
v_m^k \geqslant 0 \\
v_m \geqslant 0
\end{cases} \tag{7-5}
$$

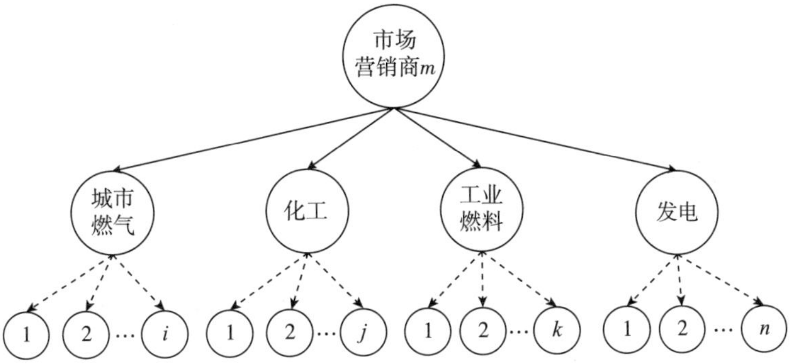

图7-2　市场营销商 m 和用气消费部门网络结构

7.3　天然气市场各主体的广义纳什均衡分析

天然气市场中各方运营主体在进行市场定价时，虽各自根据自己的判断独立做出决策，但其市场价格及气体运输量不仅受同行运营主体的影响和制约，而且也受到其他运营主体对市场定价策略的影响，其利润会随着运输流量、气体价格而变化。

以市场营销商的行为模型为例，从目标函数可以看出，市场营销商 m 的效用函数不仅受其他运营商运输流量（$h^{k^*}_{-ms}$，$\mu^{k^*}_{-ms}$，$v^{k^*}_{-m}$）的影响，而且与其他运营商的定价 τ_{ls}、π_{ns}、γ_{ns}、β_{np} 有关。令 Ω^m 表示市场营销商 m 的所有满足约束条件的可行运输流量集合。注意到约束与管道运营商、存储运营商以及高峰运营商的运输流量有关，因此集合 Ω^m 取决于向量（$h^{k^*}_{-ms}$，$\mu^{k^*}_{-ms}$，$v^{k^*}_{-m}$），则问题可写成

$$\max_{(h^k_{ms},\mu^k_{ms},v^k_m,)\in\Omega^m(h^{k^*}_{-ms},\mu^{k^*}_{-ms},v^{k^*}_{-m})} U^m(h^k_{ms},\ h^{k^*}_{-ms},\ \mu^k_{ms},\ \mu^{k^*}_{-ms},\ v^k_m,\ v^{k^*}_{-m}) \tag{7-6}$$

为便于计算，令 $y_m=(h^k_{ms},\ \mu^k_{ms},\ v^k_m)$，$y_{-m}=(h^{k^*}_{-ms},\ \mu^{k^*}_{-ms},\ v^{k^*}_{-m})$，$y=(y_m,\ y_{-m})$ 则问题又可以写为

$$\max_{y_m\in\Omega^m(y_{-m})} U^m(y_m,\ y_{-m}) \tag{7-7}$$

而生产商的定价 τ_{ls}、管道运营商的定价 π_{ns}、存储运营商的定价 γ_{ns}、高峰运营商的 β_{np} 可通过其他运营商的行为函数中得出，即可从式（7-1）~式（7-4）中得出。

因此，市场营销商的决策空间 Ω^m 与生产运营商、管道运营商、存储运营商和高峰运营商的决策有关。同样，其他运营商的决策也与各方运营商存在密切关系。不妨假设参与博弈中的局中人数为 N，$N=(1,\ 2,\ \cdots,\ i,\ \cdots,\ n)$，而 $\Omega^i\subseteq R^{n_i}$ 是局中人 i 的策略集；集合表示局中人的策略集的笛卡尔乘积，也是博弈问题的可行策略空间。更进一步，定义 $\Omega^{-i}=\prod_{i\in\mathbf{N}\{n\}}\Omega^i\subseteq R^{v-n_i}$，该集合表示除参与人 i 外的其余参与人的策略集构成的子策略空间；Φ^i：$\Omega^{-i}\to\Omega^i$ 表示一个点到集映射，映射 Φ^i 表示的是该博弈问题的其他参与人影响参与人 i 的策略集的能力。

通过以上分析可以看出，上述问题是一个典型的广义纳什均衡模型。局中人就是天然气市场中的各方运营商，局中人的策略集可以表示为类似于市场营销商策略集，即 $\Omega=(y_m,\ y_{-m})$，其

中，$y_m = (h_{ms}^k, \mu_{ms}^k, v_m^k)$，$y_{-m} = (h_{-ms}^{k^*}, \mu_{-ms}^{k^*}, v_{-m}^{k^*})$ 的形式，而我们可以通过寻求均衡解（y_m^*，y_{-m}^*），使天然气市场中各方运营商达到一种理想的均衡状态，这样可以使各方运营商实现效用最大化，从而实现天然气资源的优化配置。

7.4　本章小结

在我国天然气市场化改革背景下，天然气市场中的生产商、管道运营商、存储运营商、市场营销商以及高峰运营商五方作为经济利益主体，通过市场竞争的方式降低成本，提高社会整体福利。在这个过程中，五方主体之间的决策空间和目标函数都互相依赖，共同构成了广义纳什均衡问题。

参考文献

[1] Rosen J B. Existence and uniqueness of equilibrium points for concave n – person games [J] . Econometrica, 1965 (33): 520 – 534.

[2] Nabetani K, Tseng P, Fukushima M. Parametrized variational inequality approaches to generalized Nash equilibrium problems with shared constraints [J] . Computational Optimization and Applications, 2011 (48): 423 – 452.

[3] Arrow K J, Debrue G. Existence of an equilibrium for a competitive economy [J] . Econometrica, 1954 (22): 265 – 290.

[4] Debreu G. Theory of Values [M] . USA: Yale University Press, 1959.

[5] Robinson S. M. Shadow prices for measures of effectiveness. I. Linear Model [J] . Oper. Res. , 1993 (41): 518 – 535.

[6] Robinson S. M. Shadow prices for measures of effectiveness. II. General Model [J] . Oper. Res. , 1993 (41): 536 – 548.

[7] Scotti S J. Structural design using equilibrium programming formulations [C] . NASA Technical Memorandum 110175, 1995.

[8] McKenzie L W. On the existence of a general equilibrium for a competitive market [J] . Econometrica, 1959 (27): 54 -71.

[9] Pang J - S, Fukushima M. Quasi - variational inequalities, generalized Nash equilibria, and multi - leader - follower games [J] . Computational Management Science, 2005 (2): 21 -56.

[10] Facchinei F. Fischer A, Piccialli V. Generalized Nash equilibrium problems and Newton methods [J] . Mathematical Programming Series B, 2007 (117): 163 -194.

[11] Heusinger A, Kanzow C, Fukushima M. Newton's method for computing a normalized equilibrium in the generalized Nash game Through fixed point formulation [J] . Mathematical Programming, 2012, 132 (1 -2): 99 -123.

[12] Fukusima M. Restricted generalized Nash equilibria and controlled penalty algorithm [J] . Computational Management Science, 2011, 8 (3): 201 -218.

[13] Facchinei F, Kanzow C. Penalty methods for the solution of generalized Nash equilibrium problems [J] . SIAM Journal on Optimization, 2010 (20): 2228 -2253.

[14] Facchinei F, kanzow C. Generalized Nash equilibrium problems [J] . A Quarterly Journal of Operations Research, 2007 (5): 173 -210.

[15] 张维迎. 博弈论与信息经济学 [M]. 上海：上海人民出版社，1996.

[16] 徐庆，朱道立，鲁其辉. Nash 均衡、变分不等式和广义纳什问题的关系 [J]. 管理科学学报，2005，8 (3)：1-7.

[17] 万安华，傅俊义，毛卫华. 广义向量均衡问题的解与解集的凸性 [J]. 南城大学学报（理科版），2003，27 (3)：216-219.

[18] Facchinei F，Pang J-S. Nash equilibria：the variational approach [J]. Annals of Operations Research，2009 (175)：177-211.

[19] Mifflin R. Semismooth and semiconvex functions in constrained optimization [J]. SIAM Journal on Control and Optimization，1977 (15)：957-972.

[20] Qi L，Sun J. A nonsmooth version of Newton's method [J]. Mathematical Programming，1993 (58)：353-367.

[21] Clarke F H. Optimization and Nonsmooth Analysis [M]. New York：john Wiley & Sons，1983.

[22] Sun D. The strong second order sufficient condition and constraint nondegeneracy in nonlinear semiderfinite programming and their implications [J]. Mathematics of Operations Research，2006 (31)：761-776.

[23] Chen B，Chen X，Kanzow C. A penalized Fischer-Burmeister NCP-function [J]. Mathematical Programming，Ser. A，

2000 (88): 211 -216.

[24] Bertsekas, Dimitri P. Constrained optimization and Lagrange Multiplier methods [M]. Computer Science and Applied Mathematics, Boston: Academic Press, 1982.

[25] Debreu G. Definite and semidefinite quadratic forms [J]. Econometrica, 1952 (20): 295 -300.

[26] Sun J, Sun D, Qi L. A squared smoothing Newton method for nonsmooth matrix equations and its applications in semidefinite optimization problems [J]. SIAM Journal on Optimization, 2014 (14): 783 -806.

[27] Qi L, Sun D, Zhou G. A new look at smoothing Newton methods for nonlinear complementarity problems and box constrained variational inequalities [J]. Mathematical Programming Series A, 2000 (87): 1 -35.

[28] Kesselman A, Leonardi S, Bonifaci V. Game - theoretic analysis of internet switching with selfish users [J]. Lecture Notes in Computer Science, 2005 (3828): 236 -245.

[29] Alizadeh F, Goldfarb D. Second - order cone programming [J]. Mathematical Programming Serises B, 2003 (95): 3 -51.

[30] Fukushima M, Luo Z, Tseng P. Smoothing functions for second - order - cone complementarity problems [J]. SIAM Journal on Optimizationl, 2001 (12): 436 -460.

[31] Kato H, Fukushima M. An SQP - type algorithm for nonlin-

ear second – order cone programs [J] . Optimization Letters, 2007 (1): 129 – 144.

[32] Sun D, Sun J. Strong Semismoothness of the Fischer – Burmeister SDC and SOC Complementartity Functions [J] . Mathematical Programming, 2005 (103): 575 – 581.

[33] Wang Y, Zhang L. Nonsingularity in Second – Order Cone Programming via the smoothing Metric Projector [J] . Science China, 2010 (53): 1025 – 1038.

[34] Arrow K J. A utilitarian approach to the concept of equality in public expenditures [J] . The Quarterly Journal of Economics, 1971 (85): 409 – 415.

[35] Henderson J M, Quandt R E. Micreconomic theory: A mathematical approach [M] . McGraw – Hill bool Co, 1980.

[36] Ravat U, Shanghag U V. On the characterization of solution sets of smooth and nonsmooth stochastic Nash games [J] . American Control Conference, 2010 (7): 5632 – 5637.

[37] Artstein Z, Wets R J – B. Consistency of minimizers and the SLLN for stochastic programs [J] . Journal of Convex Analysis, 1995 (2): 1 – 17.

[38] King A J, Wets R J – B. Epi – consistency of convex stochastic programs [J] . Stochastics Reports, 1991 (34): 83 – 92.

[39] Shapiro A, Homen – de – Mello T. On rate of convergence of Monte Carlo approximations of stochastic programs [J] . SIAM Journal

on Optimization，2000（11）：70－86.

［40］Xu H，Zhang D. Stochastic Nash equilibrium problems：sample average approximation and applications［J/OL］. 2009. www. optimization－online. org.

［41］Facchinei F，Pang J－S. Finite－Dimensional Variational Inequalities and Complemetarity Problems［M］. Springer－Verlag，New York，2003.

［42］Rockafellar R T，Wets R J－B. Variational Analysis［M］. Springer－Verlag，Berlin Heidelberg，1998.

［43］Xu H. Sample average approximation methods for a class of stochastic variational inequality problems［J］. Asian Pacific Journal of Operations Research，2010（27）：103－119.

［44］Shapiro A，Dentcheva D，Ruszczynski A. Lectures on Stochastic Programming：Modeling and Theory［M］. SIAM Philadelphia，2009.

［45］周晶．随机交通均衡配流模型及其等价的变分不等式问题［J］．系统科学与数学，2003，23（1）：120－127.

［46］周晶，徐晏．公共交通网络系统的广义 Nash 经营博弈模型［J］．系统工程学报，2001，4（16）：261－267.

［47］Bell G J. Bus service elasticity，headw ay and distance traveled［R］. Research Memo，London T ransport，London，U. K，1976，M 311.

［48］Zhou J，Lam W H K，Heydecker B G. The generalized

Nash equilibrium model for oligopolistic transit market with elastic demand [J]. Transportation Research Part B Methodological, 2005, 39 (6): 519-544.

[49] Gabriel S, Zhuang J, Kiet S. A large-scale complementarity model of the North American natural gas market [J]. Energy Economics, 2005, 27 (4): 639-665.

[50] Gabriel S, Kiet S, Zhuang J. A mixed complementarity-based equilibrium model of natural gas market [J]. Operations Research, 2005, 53 (5): 799-818.

[51] 彭莹，肖建忠，王小林，戴胜. 中国天然气市场均衡价格分析——基于变分不等式转换的古诺模型研究 [J]. 资源科学, 2015, 37 (10): 1983-1991.

[52] 李雅兰，刘燕，冯军等. 天然气负荷指标及用气规律的研究 [J]. 城市燃气, 2007 (2): 15-22.

[53] 欧丞奇. 基于 Monte-Carlo 模拟与遗传算法的液化天然气定价策略研究 [D]. 哈尔滨工业大学硕士学位论文, 2010.